Dr. Oetker

Die schönsten Weihnachtsbäckereien

aus der Dr. Oetker Versuchsküche

Prisma Verlag

Sonderausgabe für Prisma Verlag GmbH, Gütersloh

© Copyright   Lizenzausgabe mit Genehmigung des
Ceres-Verlages
Rudolf-August Oetker KG, Bielefeld

Gestaltung   Special Design, Bielefeld

Redaktion   Jutta Hein, Hamburg

Titelgestaltung   Omnia Werbegesellschaft mbH & Co. KG, Bielefeld

Titelfoto   Ludwig Bartling, Bielefeld

Reproduktionen   Pörtner & Saletzki, Bielefeld

Nachdruck, auch auszugsweise,
nur mit schriftlicher Genehmigung
des Verlages und mit
Quellenangabe gestattet.

Printed in Yugoslavia
by Mladinska knjiga, Ljubljana

ISBN 3-570-09619-X

Backen macht Spaß, und vor allem in der Vorweih-
nachtszeit duftet es in vielen Haushalten verführe-
risch nach Honig, Zimt, Vanille und Marzipan.

Wenn sich dann die Dosen mit Pfefferkuchen,
Printen, Brezeln und Konfekt füllen, steigt die Vor-
freude auf das schönste Fest des Jahres. Wie gut
schmeckt ein selbstgebackener Stollen oder ein
saftiges Früchtebrot zur Kaffeetafel im Advent!
Wieviel Spaß macht es, gemeinsam mit Kindern
ein buntes Knusperhäuschen oder lustige Weih-
nachtsmänner herzustellen!

In der Dr. Oetker Versuchsküche wurden mit
Liebe und Sorgfalt viele Rezepte speziell für die
Weihnachtsbäckerei entwickelt, die wir hier für
Sie zusammengetragen haben.

Lassen Sie sich davon anregen und überraschen
Sie Ihre Familie und Ihre Gäste in der Weihnachts-
zeit mit köstlichem Gebäck.

Inhaltsübersicht

Weihnachtsbäckerei

vor dem ersten Advent

... Christstollen

Puttäpfel

Braune Kuchen

Früchtebrot ...

Stollen

500 g Weizenmehl
1 Päckchen Backpulver
Backin mischen und auf eine Tischplatte sieben.
In die Mitte eine Vertiefung drücken.

200 g Zucker
1 Päckchen Vanillin-Zucker
Salz
4 Tropfen Backöl
Bittermandel
1 Fläschchen Rum-Aroma
4 Tropfen Backöl Zitrone
1 Messerspitze
gemahlener Kardamom
1 Messerspitze
gemahlene Muskatblüte
2 Eier in die Vertiefung geben und mit einem Teil des Mehls zu einem dicken Brei verarbeiten.

175 g Butter oder Margarine in Stücke schneiden.
50 g Rinderfett fein hacken und auf den Teig geben.
Dazu

250 g Speisequark
125 g gewaschene Korinthen
125–250 g gewaschene Rosinen
125–150 g abgezogene gemahlene oder gehackte Mandeln (Haselnußkerne)
50–100 g feingewürfeltes Zitronat (Sukkade) geben, die Früchte mit Mehl bedecken, von der Mitte aus alle Zutaten schnell zu einem glatten Teig verkneten, zu einem Stollen formen und auf ein mit gefettetem Pergamentpapier belegtes Backblech legen.
Gas: 2–3.
Strom: 160–180.
Backzeit: 50–60 Minuten.

100 g Butter zerlassen, den Stollen damit sofort nach dem Backen bestreichen und mit
50 g Puderzucker bestäuben.

Marzipankranz

Für den Teig

250 g Weizenmehl	sieben und mit
65 g Zucker	
1 Päckchen Vanillin-Zucker	
Salz	in einer Schüssel vermischen.
6 EßI. Milch	
125 g Butter	erhitzen, bis das Fett geschmolzen ist, und
1 EßI. Zitronensaft	hinzugeben. Die kochendheiße, leicht geronnene Flüssigkeit in die Mehlmischung gießen und so lange rühren, bis ein Teigkloß entsteht.
1 Ei	unterrühren und den Teig abkühlen lassen.
150 g Weizenmehl	
1 Päckchen Backpulver	
Backin	mischen, sieben und unter den Teig kneten.

Für die Füllung

300 g abgezogene, gemahlene Mandeln	
150 g Zucker	
75 g gewaschene, abgetropfte Korinthen	
4 Tropfen Backöl Bittermandel	
etwa 3 EßI. Milch	
2 Eier	zu einer streichfähigen Masse verrühren.

Den Teig auf einer bemehlten Tischplatte ausrollen (etwa 30 x 50 cm), mit der Füllung bestreichen. Den Teig von beiden langen Seiten her bis zur Mitte aufrollen, beide Rollen voneinander trennen, umeinander drehen und zu einem Kranz formen. Den Kranz auf ein gefettetes Backblech legen.
Gas: 3.
Strom: 190.
Backzeit: Etwa 50 Minuten.

Für den Guß

150 g Puderzucker	
1^1/$_2$ EßI. heißes Wasser	
^{1}/$_2$ Fläschchen Butter-Vanille Aroma	zu einem dickflüssigen Guß verrühren. Den heißen Kranz damit überziehen.

Früchtebrot

Für den Teig

3 Eier	schaumig schlagen, nach und nach
125 g Zucker	
1 Päckchen Vanillin-Zucker	hinzugeben, so lange schlagen, bis eine dicke, cremeartige Masse entstanden ist.
$^1/_2$ Fläschchen Rum-Aroma	
1 Messerspitze gemahlenen Zimt	unterrühren.
125 g Haselnußkerne	hacken.
125 g Feigen	waschen, in Würfel schneiden.
250 g Rosinen	waschen, gut abtropfen lassen.
60 g abgezogene, gehackte Mandeln	
125 g gewürfeltes Zitronat (Sukkade)	
125 g Weizenmehl	mit
50 g Speisestärke, z. B. Gustin	
3 g (1 gestrichener Teel.) Backpulver Backin	mischen, sieben und alle Zutaten unter die Masse rühren. Den Teig in eine gefettete, mit Papier ausgelegte Kastenform füllen. Gas: 2–3. Strom: 175–200. Backzeit: 70–90 Minuten.

Kletzenbrot

500 g Dörrbirnen (Kletzen)	über Nacht in
1 l Wasser	einweichen, abtropfen lassen.
	Die Dörrbirnen
500 g Dörrpflaumen (ohne Stein)	
200 g Dörrfeigen	
100 g Haselnußkerne	in Würfel schneiden.
50–75 g Walnußkerne	
50–75 g Mandeln	grob hacken.
250 g Rosinen	waschen, gut abtropfen lassen.
	Die Zutaten mit
50 g feingewürfeltem Zitronat (Sukkade)	
50 g feingewürfeltem Orangeat	
geriebener Schale von 2 ungespritzten Zitronen	
1 Teel. gemahlenen Nelken	
2 Messerspitzen geriebener Muskatblüte	
2 Teel. gemahlenem Zimt	
Koriander	
1 Teel. Anissamen	
8 zerdrückten, zerhackten Wachholderbeeren	gut vermengen.
200 ml ($^1/_5$ l) Obstschnaps	darüber gießen, etwa 12 Stunden (am besten über Nacht) ziehen lassen.
	Mehrmals vorsichtig durchrühren.
750 g Roggenbrotteig (mit Sauerteig vom Bäcker)	mit den Zutaten vermischen.
	Aus dem Teig zwei Brote von je etwa 30 cm Länge und 10 cm Breite formen, auf ein gefettetes Backblech legen und an einem warmen Ort etwa 1 Stunde gehen lassen.
	Vor dem Backen mit
Wasser	bestreichen.

Nach Belieben mit

abgezogenen Mandeln oder
Walnußkernen oder
kandierten Früchten garnieren
Die Brote während des Backens noch 2–3mal mit
Wasser bestreichen.
Gas: Vorheizen 3–4, backen 3–4.
Strom: 175–200.
Backzeit: Etwa 1¹/₂ Stunden.
Die Kletzenbrote erkalten lassen, einwickeln in
Cellophan oder Alufolie und erst nach einer
Woche anschneiden.
Beigabe: Butter
Tip: Für das Kletzenbrot möglichst ungeschwefelte
Früchte verwenden.

Puttäpfel

8 Äpfel waschen, nicht schälen, von der Blütenseite her
ausbohren, aber nicht durchstechen.
Die Äpfel in eine flache, gefettete Auflaufform
oder auf kleine Teller setzen, mit

25 g Butter
25 g Zucker
1 Päckchen
Vanillin-Zucker füllen, in den Backofen schieben, weich backen.
Die Äpfel nach Belieben mit
Weißwein begießen.
Gas: 3–4.
Strom: 200–225.
Backzeit: 30–45 Minuten.

Gewürz-Grillkuchen

Für den Teig

250 g Butter oder Margarine — schaumig rühren. Nach und nach

250 g Zucker
1 Päckchen Vanillin-Zucker
2 Eier
4 Eigelb
1 Messerspitze
geriebene Muskatnuß
1 Messerspitze
gemahlener Kardamom
1 Messerspitze
gemahlene Nelken
1 Teel. gemahlener Zimt
3 Eßl. Weinbrand — hinzufügen.
150 g Weizenmehl — sieben und mit
100 g Speisestärke,
z. B. Gustin
9 g (3 gestrichene Teel.)
Backpulver Backin — mischen, eßlöffelweise unterrühren.
4 Eiweiß — steif schlagen, unter den Teig heben.

Den Boden einer Kastenform (30 x 11 cm) mit gefettetem Pergamentpapier auslegen, einen gut gehäuften Eßlöffel Teig gleichmäßig verteilen. Die Form auf dem Rost in den Backofen schieben (Abstand zwischen Grill und Teig ca. 20 cm) und unter dem vorgeheizten Grill etwa 2 Minuten hellbraun backen. Als zweite Schicht wieder 1–2 Eßlöffel Teig auf der gebackenen Schicht verstreichen, die Form wieder unter den Grill schieben. Auf diese Weise den ganzen Teig verarbeiten (Einschubhöhe möglichst so ändern, daß der Abstand von 20 cm zwischen Grill und Teig erhalten bleibt). Den fertigen Kuchen mit einem Messer vorsichtig von der Form lösen und sofort noch etwa 5 Minuten in den Ofen schieben.

Für den Guß

100 g Schokolade — in kleine Stücke brechen und mit
25 g Kokosfett — in einem kleinen Topf im Wasserbad zu einer geschmeidigen Masse verrühren. Den erkalteten Kuchen damit überziehen.

Christstollen

(Abb. vorhergehende Seite)

500 g Weizenmehl
2 Päckchen Dr. Oetker Hefe
in eine Schüssel sieben und mit
sorgfältig vermischen.

125 g Zucker
1 Päckchen Vanillin-Zucker
Salz
1 Fläschchen Rum-Aroma
6 Tropfen Backöl Zitrone
6 Tropfen Backöl
Bittermandel
1 Messerspitze
gemahlener Kardamom
1 Messerspitze
gemahlene Muskatblüte
250 g zerlassene Butter
oder Margarine
250–375 g gewaschene,
gut abgetropfte Rosinen
125 g gewaschene,
gut abgetropfte Korinthen
100 g feingewürfeltes
Zitronat (Sukkade)
100 g abgezogene,
gemahlene Mandeln
200 ml (¹/₅ l) lauwarme Milch
hinzufügen und alles mit einem elektrischen Handrührgerät mit Knethaken zuerst auf der niedrigsten, dann auf der höchsten Stufe in etwa 5 Minuten zu einem Teig verarbeiten.

250 g Weizenmehl
zusätzlich unterkneten.
Den Teig an einem warmen Ort so lange stehen lassen, bis er etwa doppelt so hoch ist. Ihn dann mit dem Handrührgerät auf der höchsten Stufe nochmals gut durchkneten und zu einem abgerundeten Rechteck (etwa 32 x 15 cm) ausrollen. ¹/₃ des Teigstückes von der längeren Seite aus dünner ausrollen und mit etwas

Butter
bestreichen.
die übrigen ²/₃ des Teiges so darüber schlagen, daß ein etwa 2 cm breiter Rand frei bleibt.

Den geformten Stollen auf ein mit Alufolie beleg-
tes Backblech legen und an einem warmen Ort
so lange stehen lassen, bis er sich in Breite und
Höhe um etwa die Hälfte vergrößert hat.
Gas: 3–4.
Strom: 150–175.
Backzeit: 45–55 Minuten.

100 g Butter   zerlassen und den Stollen damit sofort nach dem
Backen bestreichen und mit

50 g Puderzucker   bestäuben.

Braune Kuchen

250 g Honig
125 g Zucker, Salz
65 g Butter oder Margarine
65 g Schweineschmalz
1 Eßl. Milch   langsam erwärmen, zerlassen, in eine Rührschüssel geben, kalt stellen.
Unter die fast erkaltete Masse

5 Tropfen Backöl Zitrone
1 gestrichenen Teel.
gemahlenen Kardamom
1 gestrichenen Teel.
gemahlenen Zimt   rühren.
500 g Weizenmehl
9 g (3 gestrichene Teel.)
Backpulver Backin   mischen, sieben, $2/3$ davon eßlöffelweise unterrühren, den Rest des Mehls,

30 g gemahlene
Haselnußkerne   unter den Teigbrei kneten. Sollte er kleben, noch
etwas Mehl hinzugeben. Den Teig dünn ausrollen
und zu rechteckigen oder runden Plätzchen ausstechen. Auf ein gefettetes Backblech legen und
dünn mit

Dosenmilch   bestreichen.
Gas: 5 Minuten vorheizen 3–4, backen 3–4.
Strom: 175–200.
Backzeit: Etwa 10 Minuten.

Stollen, einmal anders

Für den Brandteig

250 ml (¹/₄ l) Wasser	
100 g Butter oder Margarine	am besten in einem Stieltopf zum Kochen bringen.
125 g Weizenmehl	sieben, auf einmal in die von der Kochstelle genommene Flüssigkeit schütten, es zu einem glatten Kloß rühren, unter Rühren etwa 1 Minute erhitzen, den heißen Kloß sofort in eine Rührschüssel geben. Nach und nach
3 Eier	unterrühren. Zuletzt
25 g Zucker	unter den Teig rühren.

Für den Rührteig

150 g Schweineschmalz	
50 g Rindertalg	zerlassen, kalt stellen.
100 g Zucker	
1 Päckchen Vanillin-Zucker	
Salz	in das erkaltete, etwas fest gewordene Fett geben, rühren, bis Fett und Zucker weißschaumig geworden sind. Nach und nach
1 Ei	
1 Eigelb	
4 Tropfen Backöl Bittermandel	
1 Fläschchen Rum-Aroma	
4 Tropfen Backöl Zitrone	
1 Messerspitze gemahlenen Kardamom	
1 Messerspitze gemahlene Muskatblüte	hinzufügen.

400 g Weizenmehl	
1 Päckchen Backpulver	
Backin	mischen, sieben.
	Knapp die Hälfte davon unter die Fett-Zucker-Masse rühren, das restliche Mehl auf ein Back-brett (Tischplatte) geben, darauf den Rührteig und den Brandteig geben.
125 g Korinthen	
125 g Rosinen	waschen, gut abtropfen lassen.
100 g Zitronat (Sukkade)	in kleine Würfel schneiden.
100 g abgezogene,	
gehackte Mandeln	hinzufügen, alles schnell zu einem glatten Teig verkneten.
	Sollte er kleben, noch
etwas Weizenmehl	darunter kneten.
	Den Teig zu einem Stollen formen, auf ein mit Alu-folie belegtes Backblech legen, mit
1 Eiweiß	bestreichen.
	Gas: 2–3½.
	Strom: Backen 160–180.
	Backzeit: 50–60 Minuten.
75–100 g Butter	zerlassen, den Stollen sofort nach dem Backen damit bestreichen, mit
Puderzucker	bestäuben.

Marzipan-Rosenkuchen

Für die Füllung

200 g abgezogene, gemahlene Mandeln mit
150 g gesiebtem Puderzucker
3 Tropfen Backöl Bittermandel
1 Eiweiß
4–5 Eßl. Wasser unter ständigem Rühren so lange erwärmen, bis eine gleichmäßige Masse entstanden ist, etwas abkühlen lassen.

Für den Teig

200 g Speisequark mit
6 Eßl. Milch
1 Ei
8 Eßl. Speiseöl
100 g Zucker
1 Päckchen Vanillin-Zucker
Salz verrühren.
400 g Weizenmehl
1 Päckchen und 6 g
(2 gestr. Teel.)
Backpulver Backin mischen, sieben, die Hälfte davon unter den Quark rühren, den Rest des Mehls unterkneten, den Teig zu einem Rechteck von etwa 50 x 40 cm ausrollen.
Die Füllung gleichmäßig auf dem Teig verteilen.

100 g Rosinen
50 g Korinthen waschen, gut abtropfen lassen, über die Mandelmasse streuen.
Den Teig von der längeren Seite her aufrollen, die Rolle in 16 Stücke schneiden, diese in eine gefettete Springform (Durchmesser etwa 26 cm) setzen.

1 Eigelb mit
1 Eßl. Milch verschlagen, die Teigstücke damit bestreichen.
Gas: 3–4.
Strom: 175–200.
Backzeit: 50–65 Minuten.

Honig-
und
Sirupgebäck

... Glasierter Honigkuchen

Honigbrot

Spitzkuchen

Honigplätzchen

Nürnberger Lebkuchen ...

Glasierter Honigkuchen

Für den Teig

500 g Honig
75 g Zucker
1 Päckchen Vanillin-Zucker
100 g Butter oder Margarine
2 Eßl. Milch
    langsam erwärmen, zerlassen, in eine Rührschüssel geben und kalt stellen.
Unter die fast erkaltete Masse nach und nach

2 Eier
Salz
1 gestrichenen Eßl.
gemahlenen Zimt
¹/₂ gestrichenen Teel.
gemahlene Nelken
¹/₂ gestrichenen Teel.
gemahlener Kardamom
2 Tropfen Backöl Bittermandel
    rühren.
500 g Weizenmehl
    sieben, mit
1 Päckchen Backpulver Backin
    mischen und unter die Masse rühren.
100 g gehackte
Haselnußkerne
50 g feingewürfeltes
Zitronat (Sukkade)
    unter den Teig heben.

Den Teig etwa 1 cm dick auf ein gefettetes Backblech streichen. Ein mehrfach umgeknicktes, gefettetes Stück Pergamentpapier vor den Teig legen.
Die Teigfläche so mit

etwa 50 abgezogenen,
halbierten Mandeln
    belegen, daß sich nach dem Backen Quadrate in der Größe von etwa 8 x 8 cm schneiden lassen.
Gas: 5 Minuten vorheizen 3–4, backen 3–4.
Strom: 175–200.
Backzeit: 25–30 Minuten.
Zum Bestreichen

50 g Zucker
2 Eßl. Wasser
    unter Rühren kurz aufkochen lassen.
Das noch heiße Gebäck sofort mit der Zuckerlösung bestreichen und nach dem Erkalten in Stücke schneiden.

Honigkranz „Liegnitzer Art"

(Abb. vorhergehende Seiten)

400 g Honig 250 g Zucker 1 Päckchen Vanillin-Zucker 150 g Butter oder Margarine 6 Eßl. Milch	langsam erwärmen, zerlassen, in eine Rührschüssel geben und kalt stellen. Unter die fast erkaltete Masse nach und nach
3 Eier 1 Fläschchen Rum-Aroma 3 Tropfen Backöl Bittermandel 1 Teel. gemahlener Zimt $1/2$ Teel. Ingwerpulver 1 Messerspitze gemahlener Kardamom 1 Messerspitze gemahlene Muskatblüte 1 Messerspitze gemahlene Nelken	rühren.
500 g Weizenmehl	sieben, mit
1 Päckchen Backpulver Backin	mischen und unter die Masse rühren.
150 g Walnußkerne 150 g getrocknete Aprikosen 150 g getrocknete Feigen 150 g getrocknete Datteln (ohne Kerne)	in kleine Stücke schneiden und zuletzt unter den Teig rühren. Den Teig in eine gefettete Kranzform (Durchmesser etwa 26 cm) füllen. Gas: 2–3. Strom: 175–200. Backzeit: Etwa 75 Minuten. Nach Belieben das Gebäck mit
halbierten Walnußkernen	oder Zuckerguß garnieren.

Für den Zuckerguß

200 g Puderzucker	sieben, mit
heißem Wasser	zu einer dickflüssigen Masse glattrühren. Beigabe: Eierlikörsahne (250 ml = $1/4$ l Sahne, 1 Päckchen Sahnesteif, etwa 2 Eßl. Eierlikör).

Würziger Honigkuchen

Für den Teig

175 g Honig	kurz aufkochen und kalt stellen.
	Mit einem Schneebesen nach und nach unter Rühren

200 g Zucker	
1 Päckchen Vanillin-Zucker	
3 Eier	
1 gut gehäuften Teel. gemahlenen Zimt	
1 Messerspitze gemahlene Nelken	
abgeriebene Schale von	
$^1/_2$ ungespritzten Zitrone	zu dem abgekühlten Honig geben.
500 g Weizenmehl	sieben, mit
1 Päckchen Backpulver Backin	mischen und eßlöffelweise hinzufügen.

Den Teig auf ein gefettetes Backblech geben, leicht mit Mehl bestäuben und etwa 1 cm dick ausrollen.

Den Teig in Abständen so mit

etwa 100 g geviertelten Walnußkernen	belegen, daß sich nach dem Schneiden die Nüsse in der Mitte der einzelnen Stücke befinden (Größe nach Belieben).

Gas: 5 Minuten vorheizen 3–4, backen 3–4.
Strom: 175–200.
Backzeit: 15–20 Minuten.

Für den Guß

50 g Zucker	
2 Eßl. Wasser	zum Kochen bringen, unter ständigem Rühren etwa 1 Minute kochen lassen.

Das noch warme Gebäck mit dem Guß bestreichen und nach dem Erkalten in Stücke schneiden.

Honigkranz

(Abb. vorhergehende Seiten)

Für den Teig

250 g Honig
1 Päckchen Vanillin-Zucker
150 g Butter oder Margarine langsam erwärmen, zerlassen, in eine Rührschüssel geben und kalt stellen.
Unter die fast erkaltete Masse

2 Eier
3 Eßl. Aprikosenkonfitüre
2 gestrichene Teel.
gemahlenen Zimt
1 Messerspitze
gemahlene Nelken
1 Messerspitze
gemahlenen Kardamom
2 Tropfen Backöl Bittermandel
1 Fläschchen Rum-Aroma mischen.
375 g Weizenmehl sieben, mit
2 gestrichenen Eßl. Kakao
12 g (4 gestrichene Teel.)
Backpulver Backin mischen und nach und nach unter die Masse rühren.

100 g abgezogene,
gehackte Mandeln
125 g gewaschene,
gut abgetropfte Korinthen
oder Rosinen unterrühren.
Den Teig in eine gefettete Kranzform (Durchmesser etwa 24 cm) füllen.
Gas: 3–4.
Strom: 175–200.
Backzeit: Etwa 40 Minuten.

Für den Guß

150 g gesiebten Puderzucker
etwa 2 Eßl. heißes Wasser verrühren.
Das erkaltete Gebäck damit überziehen und nach Belieben mit Mandeln, Korinthen und Rosinen garnieren.

Honigbrot

Für den Teig

250 g Honig	
200 g Zucker	
65 g Butter oder Margarine	
125 ml (¹/₈ l) Malzbier	langsam erwärmen, zerlassen, in eine Rührschüssel geben, kalt stellen.

Unter die fast erkaltete Masse

1 Ei	
¹/₂ gestrichenen Teel. gemahlenen Kardamom	
¹/₂ gestrichenen Teel. gemahlene Nelken	
1 gestrichenen Teel. gemahlenen Zimt	
1 Fläschchen Rum-Aroma	
6 Tropfen Backöl Zitrone	
3 Tropfen Backöl Bittermandel	rühren.
500 g Weizenmehl	
1 Päckchen Backpulver Backin	mischen, sieben, eßlöffelweise unterrühren. Den Teig gut 1 cm dick auf ein mit
Butter oder Margarine	gefettetes Backblech streichen. Einen mehrfach umgeknickten, gefetteten Streifen Alufolie vor den Teig legen. Gas: 3–4. Strom: 175–200. Backzeit: Etwa 20 Minuten.

Für den Guß

100 g Puderzucker	sieben, mit
etwa 2 Eßl. heißem Wasser	glattrühren, so daß eine dickflüssige Masse entsteht. Das Gebäck sofort nach dem Backen damit bestreichen, in etwa 5 x 6 cm große Stücke schneiden. Das erkaltete Honigbrot in einer gut schließenden Blechdose aufbewahren.

Feiner Honigkuchen auf dem Blech

375 g Honig
125 g Zucker
1 Päckchen Vanillin-Zucker
100 g Margarine
100 g Schweineschmalz — langsam erwärmen, zerlassen, in eine Rührschüssel geben, kalt stellen.
Unter die fast erkaltete Masse nach und nach

2 Eier
3 gestrichene Teel.
gemahlenen Zimt
$1/2$ gestrichenen Teel.
gemahlenen Kardamom
$1/2$ gestrichenen Teel.
gemahlene Nelken
4 Tropfen Backöl Bittermandel
1 Fläschchen Rum-Aroma
abgeriebene Schale
einer Apfelsine (ungespritzt) — rühren.
500 g Weizenmehl
1 Päckchen Backpulver Backin
30 g Kakao — mischen, sieben, nach und nach eßlöffelweise abwechselnd mit

knapp 125 ml ($1/8$ l) Milch — unterrühren.
150 g Korinthen — waschen, gut abtropfen lassen.
100 g Haselnußkerne — grob hacken.
100 g Zitronat (Sukkade) — in kleine Würfel schneiden.
Die Zutaten zuletzt unter den Teig heben, ihn gut 1 cm dick auf ein gefettetes Backblech streichen, vor den Teig ein mehrfach umgeknifftes Stück Alufolie legen.
Gas: 5 Minuten vorheizen 3–4, backen 3–4.
Strom: 175–200.
Backzeit: 25–30 Minuten.
Den Honigkuchen auf dem Backblech erkalten lassen.

150 g Puderzucker
30 g Kakao — mischen, sieben, mit
etwa 2 Eßl. heißem Wasser — glattrühren, so daß eine dickflüssige Masse entsteht
20 g Kokosfett oder Butter — zerlassen, heiß darunter rühren.

Spitzkuchen

Für den Teig

175 g Sirup
50 g Zucker
Salz
2 Eßl. Speiseöl langsam erwärmen, zerlassen, in eine Rührschüssel geben, kalt stellen.
Unter die fast erkaltete Masse

1 Ei
1 gehäuften Teel. Kakao
6 Tropfen Backöl Zitrone
1 Messerspitze
gemahlenen Nelkenpfeffer
(Piment)
1 gestrichenen Teel.
gemahlenen Zimt rühren.
250 g Weizenmehl
9 g (3 gestrichene Teel.)
Backpulver Backin mischen, sieben, $^2/_3$ davon eßlöffelweise unterrühren.
Den Rest des Mehls,

75 g abgezogene,
gehackte Mandeln unter den Teigbrei kneten. Sollte er kleben, ihn eine Zeitlang kalt stellen.
Aus dem Teig knapp 2 cm dicke Rollen in der Länge des Backblechs formen, nicht zu dicht nebeneinander auf das mit

Butter oder Margarine gefettete Backblech legen, etwas flachdrücken, hellbraun backen.
Gas: 5 Minuten vorheizen 3–4, backen 3–4.
Strom: 175–200.
Backzeit: Etwa 20 Minuten.
Die erkalteten Rollen in Dreiecke schneiden, mit

125 g heißem
Johannisbeergelee bestreichen

Für den Guß
200 g Kuvertüre im Wasserbad oder auf der Automatikplatte zu einer geschmeidigen Masse verrühren, die Dreiecke damit überziehen.

Lebkuchensterne

(Abb. nebenstehend)

Für den Teig

125 g Honig
200 g Zucker
1 Päckchen Vanillin-Zucker
150 g Butter oder Margarine
4 EßI. Milch langsam erwärmen, zerlassen, in eine Rührschüssel geben und kalt stellen.
Unter die fast erkaltete Masse

3 Tropfen Backöl Bittermandel
1 gestrichenen TeeI.
gemahlenen Zimt rühren.
400 g Weizenmehl sieben, mit

2 gestrichenen EßI. Kakao
100 g Speisestärke,
z. B. Gustin
1 Päckchen Backpulver Backin mischen.
$2/3$ davon unter die Masse rühren.
Den Rest unterkneten. Sollte der Teig kleben, noch etwas Mehl hinzugeben.
Den Teig etwa $1/2$ cm dick ausrollen, Sterne ausstechen und auf ein gefettetes Backblech legen. Jeweils in einer Sternspitze ein kleines Loch für das Bändchen zum Aufhängen ausstechen.
Gas: 5 Minuten vorheizen 3–4, backen 3–4.
Strom: 175–200.
Backzeit: 10–15 Minuten.

Zum Verzieren
200 g Zitronen-Glasur mit so viel
Wasser verrühren, daß eine spritzfähige Masse entsteht. Mit Hilfe eines Pergamentpapiertütchens mit abgeschnittener Spitze die Sterne mit dem Guß verzieren und sie nach Belieben an Bändchen aufhängen.

Baseler Leckerli

Für den Teig

250 g Honig
250 g Zucker
Salz
4 Eßl. Wasser

langsam erwärmen, zerlassen, in eine Rührschüssel geben und kalt stellen.
Unter die fast erkaltete Masse

4 Tropfen Backöl Zitrone
1 gestrichenen Teel.
gemahlene Nelken
1 gestrichenen Teel.
gemahlenen Zimt
geriebene Muskatnuß

mischen.

400 g Weizenmehl

sieben, mit

6 g (2 gestrichene Teel.)
Backpulver Backin

mischen.
$^2/_3$ davon nach und nach unter die Masse rühren.
Den Rest des Mehls mit

200 g abgezogenen,
gehobelten Mandeln
100 g feingehacktem
Orangeat und
Zitronat (Sukkade)

mischen, mit dem Teigbrei zu einem weichen Teig verkneten.
Den Teig gut $^1/_2$ cm dick auf einem gefetteten Backblech ausrollen, dabei den Teig leicht mit Mehl bestäuben.
Gas: 3–4.
Strom: 175–200.
Backzeit: Etwa 25 Minuten.

Für die Glasur

75 g Zucker
3 Eßl. Wasser

so lange kochen, bis die Flüssigkeit in lang nachziehenden Tropfen vom Löffel fällt.
Sofort nach dem Backen die Gebäckplatte von dem Backblech lösen, die heiße Glasur darauf streichen und das Gebäck sofort in Rechtecke von etwa 3 x 4 cm schneiden.
Die Glasur wird erst während des Trocknens weiß.

Liegnitzer
(24 Stück)

200 g Honig oder Sirup
125 g Zucker
65 g Margarine
2 Eßl. Milch — langsam erwärmen, zerlassen, in eine Rührschüssel geben, kalt stellen.
Unter die fast erkaltete Masse

2 Eier
$^1/_4$ Fläschchen Backöl Zitrone
etwas gemahlenen Kardamom
$^1/_2$ gestrichenen Teel.
gemahlene Nelken
1 schwach gehäuften Teel.
gemahlenen Zimt — rühren.
250 g Weizenmehl
25 g Kakao
9 g (3 gestrichene Teel.)
Backpulver Backin — mischen, sieben, eßlöffelweise unterrühren.
65 g Korinthen — waschen, gut abtropfen lassen.
65 g gehackte Mandeln,
65 g Sukkade (Zitronat) — zuletzt unter den Teig heben, ihn eßlöffelweise in die mit
Butter oder Margarine — gefetteten Folienförmchen verteilen
Gas: 3–4.
Strom: 175–200.
Backzeit: 10–15 Minuten.
Sofort nach dem Backen das Gebäck aus den Förmchen lösen, erkalten lassen.
175 g Aprikosen-Konfitüre — durch ein Sieb streichen, mit
2 Eßl. Wasser — aufkochen. Das erkaltete Gebäck dünn damit bestreichen.
etwa 200 g Kuvertüre — im Wasserbad oder auf der Automatikplatte zu einer geschmeidigen Masse verrühren, die „Liegnitzer" mit dem Guß überziehen.

Honigplätzchen mit Zimtguß

Für den Teig

250 g Honig
100 g Zucker
Salz
100 g Margarine   langsam erwärmen, zerlassen, in eine Rührschüssel geben, kalt stellen.
Unter die fast erkaltete Masse

2 Eßl. Milch oder Wasser
3 Tropfen Backöl Zitrone
1 gestrichenen Teel.
   gemahlenen Anis
1 gestrichenen Teel.
   gemahlene Nelken
1 gestrichenen Teel.
   gemahlenen Zimt   rühren.
500 g Weizenmehl
9 g (3 gestrichene Teel.)
Backpulver Backin
20 g Kakao   mischen, sieben, nach und nach $2/3$ davon unterrühren.
Den Rest des Mehls darunter kneten.
Sollte der Teig kleben, noch
etwas Weizenmehl   hinzufügen.
Den Teig dünn ausrollen, Rechtecke von 2 x 6 cm daraus rädern, auf ein gefettetes Backblech legen.
Gas: 5 Minuten vorheizen 3–4, backen 3–4.
Strom: 175–200.
Backzeit: Etwa 10 Minuten.

Für den Zimtguß

175 g Puderzucker
1 gestrichenen Teel.
   gemahlenen Zimt   mischen, sieben.
Mit
3–4 Eßl. heißem Wasser   glattrühren, so daß eine dünnflüssige Masse entsteht.
Die erkalteten Honigplätzchen damit bestreichen.

Nürnberger Lebkuchen

Für den Teig

175 g Honig oder Sirup
50 g Zucker
2 Eßl. Speiseöl
2 Eßl. Wasser — langsam erwärmen, zerlassen, in eine Rührschüssel geben, kalt stellen.
Unter die fast erkaltete Masse

1 Eigelb
1 gehäuften Teel. Kakao
6 Tropfen Backöl Zitrone
1 Messerspitze
gemahlenen Nelkenpfeffer
(Piment)
1 gestrichenen Teel.
gemahlenen Zimt — rühren.
250 g Weizenmehl
9 g (3 gestrichene Teel.)
Backpulver Backin — mischen, sieben, $^2/_3$ davon eßlöffelweise unterrühren. Den Rest des Mehls,

75 g abgezogene,
gemahlene Mandeln
75 g gemahlene
Haselnußkerne
50 g gewürfeltes Zitronat
(Sukkade)
75 g getrocknete Aprikosen
(in Stücke geschnitten) — unter den Teigbrei kneten, gut ½ cm dick ausrollen, mit einer runden Form (Durchmesser etwa 8 cm) ausstechen oder Rechtecke von 9 x 6 cm ausrädern. Auf ein mit
Butter oder Margarine — gefettetes Backblech legen.
Gas: 5 Minuten vorheizen 2–3, backen 2–3.
Strom: 175–200.
Backzeit: 15–20 Minuten.

Für den Guß

125 g Puderzucker — sieben, mit
1 Eiweiß — verrühren. Ist der Guß zu fest, noch
einige Tropfen Wasser — unterrühren.
Die Lebkuchen dünn bestreichen, sofort mit
Buntzucker — bestreuen.

Honigkuchen

250 g Bienenhonig
100 g Butter oder Margarine
10 g (1 gestrichener Eßl.) Kakao
2 gestrichene Teel.
gemahlenen Zimt
2 gestrichene Teel.
gemahlenen Ingwer
1¹/₂ Teel. gemahlene Nelken
Salz

langsam erwärmen, zerlassen.

unterrühren.
Die Masse erkalten lassen.

50 g gestoßenen braunen
Kandiszucker (Grümmel)
50 g feingewürfelte
Sukkade (Zitronat)
2 Eier
2 Eßl. Weinbrand
einige Tropfen Backöl Zitrone
200 g Weizenmehl
6 g (2 gestrichene Teel.)
Backpulver Backin

hinzugeben.

mischen, sieben und nach und nach unterrühren.
Den Teig in eine gefettete, mit Pergamentpapier
ausgelegte Kastenform (etwa 30 x 11 cm) füllen.
Gas: 3–4.
Strom: 175–200.
Backzeit: Etwa 60 Minuten.

Kleingebäck

... *Christbaumbrezeln*

Nußecken

Gefüllte Halbmonde

Florentiner Plätzchen

Rondjes

Kosakentaler

Ingwerplätzchen ...

Nürnberger Elisenlebkuchen

Teig für etwa 40 Oblaten
(Durchmesser 6 cm)

Für den Teig

2 Eier — schaumig schlagen, nach und nach

200 g Farinzucker
oder Zucker

1 Päckchen Vanillin-Zucker — hinzugeben, so lange schlagen, bis eine dicke, cremeartige Masse entstanden ist.

1 Messerspitze
gemahlene Nelken
$^1/_2$ Fläschchen Rum-Aroma
1–2 Tropfen Backöl Zitrone
75 g Orangeat oder
Zitronat (Sukkade) — in sehr feine Würfel schneiden.
125 g Mandeln — mahlen, mit
1 Messerspitze
Backpulver Backin — mischen.
Alle Zutaten unter die Masse rühren, von

75–125 g gemahlenen
Haselnußkernen — nur so viel unterrühren, daß der Teig noch streichfähig ist.

Auf jede Oblate einen gehäuften Teelöffel des Teiges geben, mit einem in Wasser getauchten Messer bergförmig auf die ganze Oblate streichen, auf ein Backblech legen.
Gas: 1–2.
Strom: 130–150.
Backzeit: 25–30 Minuten.

Für den hellen Guß

150 g Puderzucker — sieben, mit
1–2 EßI. heißem Wasser — glattrühren, so daß eine dickflüssige Masse entsteht.

Für den dunklen Guß

75 g Schokolade
10 g Kokosfett — im Wasserbad oder auf der Automatikplatte zu einer geschmeidigen Masse verrühren.
Die Hälfte der Lebkuchen gleich nach dem Backen mit hellem und den Rest mit dunklem Guß bestreichen.

Echte Nürnberger Lebkuchen

(Abb. vorhergehende Seiten)

Für den Teig

2 Eier	
125 g Zucker	schaumig schlagen.
1 Prise Muskatnuß	
¹/₂ Teel. gemahlene Nelken	
¹/₂ Teel. gemahlenen Zimt	
2 Tropfen Backöl Bittermandel	
einige Tropfen Rum-Aroma	unter die schaumige Masse rühren.
250 g Mandeln	zur Hälfte mit Schale mahlen, zur anderen Hälfte abziehen, grob hacken und mit
125 g Zitronat (Sukkade)	unter die Masse rühren.

Den Teig fingerdick auf runde Oblaten (Durchmesser etwa 6 cm) streichen oder
als flache Häufchen auf ein gefettetes Backblech setzen.
Gas: 3.
Strom: 180.
Backzeit: Etwa 20 Minuten.

Für den Guß

150 g Puderzucker	
2–3 Eßl. heißes Wasser	verrühren.

Die noch warmen Lebkuchen damit bestreichen und mit

Buntzucker	bestreuen.

Christbaumbrezeln

Für den Teig

100 g Butter	schaumig rühren.
200 g Zucker	
1 Päckchen Vanillin-Zucker	
1 Ei	
1 Eiweiß	nach und nach hinzugeben.
500 g Weizenmehl	sieben, mit
1 Päckchen Backpulver Backin	mischen, ²/₃ eßlöffelweise unterrühren, den Rest unterkneten. Sollte der Teig kleben, eine Zeitlang kalt stellen.

Den Teig in kleinen Portionen zu bleistiftdicken Rollen formen, in etwa 20 cm lange Stücke schneiden, zu Brezeln schlingen und auf ein gefettetes Backblech legen.

Zum Bestreichen

1 Eigelb
1 Eßl. Milch

verschlagen, Brezeln vor dem Backen damit bestreichen.
Gas: 5 Minuten vorheizen 3–4, backen 3–4.
Strom: 175–200.
Backzeit: Etwa 15 Minuten.

Sahnebrezeln

Für den Teig

375 g Weizenmehl

auf eine Tischplatte sieben, in die Mitte eine Vertiefung eindrücken.

1 schwach gehäuften Teel. Zucker
2 Päckchen Vanillin-Zucker
125 ml (¹/₈ l) dicke saure Sahne

hineingeben und mit einem Teil des Mehls zu einem dicken Brei verarbeiten.

250 g Butter

in Stücke schneiden, auf den Teig geben, mit Mehl bedecken und von der Mitte aus alle Zutaten schnell zu einem glatten Teig verkneten. Sollte er kleben, eine Zeitlang kalt stellen.
Den Teig etwa ¹/₂ cm dick ausrollen und in Streifen von gut ¹/₂ x 22 cm schneiden.
Diese zu Brezeln schlingen, auf der Oberseite mit

Dosenmilch

bestreichen.

Etwa 100 g Hagelzucker
50 g abgezogene, gehackte Mandeln

mischen, Brezeln hineindrücken, auf ein Backblech legen.
Gas: 5 Minuten vorheizen 4–5, backen 4–5.
Strom: 200–225.
Backzeit: Etwa 10 Minuten.

Fruchthäufchen

200 g Butter oder Margarine	schaumig rühren.
125 g Zucker	
1 Päckchen Vanillin-Zucker	
1 Eigelb	
abgeriebene Schale von	
1 ungespritzten Zitrone	nach und nach unter das Fett rühren.
250 g Weizenmehl	sieben und eßlöffelweise abwechselnd mit
2 Eßl. Milch	unterrühren.
100 g abgezogene, gestiftelte Mandeln	
100 g gewaschene, gut abgetropfte Rosinen oder Korinthen	
100 g feingewürfeltes Zitronat (Sukkade)	
50 g feingewürfeltes Orangeat	unterheben.

Teighäufchen auf ein gefettetes Backblech setzen.
Gas: 5 Minuten vorheizen 3–4, backen 3–4.
Strom: 175–200.
Backzeit: 15–20 Minuten.
Das erkaltete Gebäck mit

Puderzucker bestäuben.

Orangenplätzchen

	Für den Teig
175 g Butter oder Margarine	schaumig rühren.
100 g Zucker	
1 Päckchen Vanillin-Zucker	
1 Ei	
Salz	
1 Fläschchen Backöl Zitrone	nach und nach hinzugeben.
300 g Weizenmehl	sieben und zu $^2/_3$ eßlöffelweise unterrühren.

Den Rest mit dem Teigbrei zu einem glatten Teig verkneten.

Den Teig knapp ½ cm dick ausrollen, mit einer runden Form (Durchmesser etwa 4 cm) Plätzchen ausstechen, auf ein gefettetes Backblech legen.
Gas: 5 Minuten vorheizen 3–4, backen 3–4.
Strom: 175–200.
Backzeit: 10–15 Minuten.

	Für den Guß
etwa 175 g Puderzucker	sieben, mit
4–5 Eßl. Orangenlikör oder Zitronensaft	verrühren, daß eine dickflüssige Masse entsteht. Die erkalteten Plätzchen bestreichen und mit
kandierten Orangenscheiben	garnieren.

Apfelsinen-Schokoladenplätzchen

200 g Weizenmehl 60 g Speisestärke, z. B. Gustin 3 g (1 gestrichener Teel.) Backpulver Backin	mischen und auf die Tischplatte sieben. In die Mitte eine Vertiefung drücken.
100 g Zucker 1 Päckchen Vanillin-Zucker abgeriebene Schale von 1 ungespritzten Apfelsine 1 Ei	hineingeben und mit einem Teil des Mehls zu einem dicken Brei verarbeiten.
125 g Butter oder Margarine 100 g zartbittere Schokolade	in kleine Stücke schneiden, mit Mehl bedecken, und von der Mitte aus alle Zutaten schnell zu einem glatten Teig verkneten.

3 etwa 3 cm dicke Rollen formen, sie breitdrücken (5 cm breit und gut 1 cm hoch), kalt stellen, bis der Teig hart geworden ist. Den Teig in knapp ½ cm dicke Streifen schneiden und auf ein Backblech legen.
Gas: 3–4.
Strom: 175–200.
Backzeit: Etwa 10 Minuten.

Mandel-Honig-Schnitten

Für den Teig

300 g Weizenmehl
6 g (2 gestrichene Teel.)
Backpulver Backin — mischen, auf die Tischplatte sieben.
In die Mitte eine Vertiefung eindrücken.

100 g Zucker
1 Päckchen Vanillin-Zucker
einige Tropfen Backöl Zitrone
Salz
1 Ei — hineingeben, mit einem Teil des Mehls zu einem dicken Brei verarbeiten.

125 g Butter oder Margarine — kalt in Stücke schneiden, auf den Brei geben, mit Mehl bedecken, von der Mitte aus alle Zutaten schnell zu einem glatten Teig verkneten. Sollte er kleben, ihn eine Zeitlang kalt stellen.
Den Teig auf einem gefetteten Backblech ausrollen, hellgelb backen.
Gas: 3–4.
Strom: 175–200.
Backzeit: Etwa 20 Minuten.

Für den Belag

100 g Zucker
75 g Bienenhonig
30 g Butter oder Margarine
3 Eßl. kalte Milch — in einem kleinen Topf langsam erwärmen, zerlassen, kurz aufkochen lassen.

2–3 Tropfen Backöl
Bittermandel
150 g abgezogene,
gehobelte Mandeln
60 g gehackte
Haselnußkerne
6 kleingeschnittene
Belegkirschen
30 g gewürfelte
Sukkade (Zitronat) — hinzugeben und unterrühren.

Die Masse etwas erkalten lassen.
Gleichmäßig auf den Gebäckboden streichen.
Gas: 3–4.
Strom: 175–200.
Backzeit: Etwa 10 Minuten.
Das etwas erkaltete Gebäck in Vierecke von etwa
4 x 4 cm schneiden.

Für den Guß

200 g Puderzucker	
30 g Kakao	mischen, sieben, mit
4 EßI. heißem Wasser	glattrühren, so daß eine dickflüssige Masse entsteht.
30 g Kokosfett	zerlassen, unterrühren.

Je zwei gegenüberliegende Seiten der Mandelschnitten in den Guß tauchen.

Mandelstäbchen
(Abb. S. 149)

Für den Teig

100 g gewürfeltes Orangeat	fein hacken, mit
100 g abgezogenen, gemahlenen Mandeln	
50 g Puderzucker	
1 Eiweiß	
2 Tropfen Backöl Bittermandel	in einem Topf unter Rühren so lange erhitzen, bis die Masse glänzend ist, abkühlen lassen.
Etwas Puderzucker	auf die Tischplatte sieben, darauf aus dem Teig 2–3 Rollen formen. Von den Rollen gleichmäßige Stücke abschneiden, diese zu etwa 5 cm langen, bleistiftdünnen Stäbchen formen.

Für den Guß

30 g Kuvertüre, feingeblättert	mit
etwas Kokosfett	in einem kleinen Topf im Wasserbad oder auf der Automatikplatte bei schwacher Hitze zu einer geschmeidigen Masse verrühren, die Enden der Stäbchen hineintauchen, auf Pergamentpapier trocknen lassen.

Nuß-Marzipantaler
(Abb. nebenstehend)

Für den Teig

150 g Weizenmehl
1¹⁄₂ g (¹⁄₂ gestrichener Teel.)
Backpulver Backin — mischen und auf die Tischplatte sieben. In die Mitte eine Vertiefung eindrücken.

75 g Zucker
1 Päckchen Vanillin-Zucker
2 Eßl. Wasser — hineingeben und mit einem Teil des Mehls zu einem dicken Brei verarbeiten.

125 g Butter oder Margarine — kalt in Stücke schneiden, auf den Brei geben.

150 g gemahlene
Haselnußkerne — darübergeben und von der Mitte aus alle Zutaten schnell zu einem glatten Teig verkneten. Sollte der Teig kleben, ihn eine Zeitlang kalt stellen. Den Teig in kleinen Mengen etwa 2 mm dick ausrollen, runde Plätzchen (Durchmesser etwa 4 cm) ausstechen, auf ein Backblech legen.
Gas: 5 Minuten vorheizen 3–4, backen 3–4.
Strom: 175–200.
Backzeit: 8–10 Minuten.

Für den Belag

250 g Marzipan-Rohmasse — mit
150 g gesiebtem Puderzucker — verkneten, dünn auf
gesiebtem Puderzucker — ausrollen, Plättchen in der Größe der Plätzchen ausstechen. Die Plätzchen nach dem Erkalten nur in der Mitte sehr dünn mit

etwas Johannisbeergelee — bestreichen. Mit Marzipanplättchen abdecken.
75–100 g Puderzucker — sieben, mit
2–3 Eßl. Rum
oder Zitronensaft — glattrühren, so daß eine dünnflüssige Masse entsteht, die Marzipandecke dünn damit bestreichen.
Nach Belieben mit

feingehackten
Haselnußkernen
oder
feingehackten Pistazien
oder
kandierten Kirschen — garnieren.

Kulleraugen

(Abb. vorhergehende Seite)

250 g Weizenmehl
3 g (1 gestrichener Teel.)
Backpulver Backin — mischen und auf die Tischplatte sieben. In die Mitte eine Vertiefung drücken.

100 g Zucker
1 Päckchen Vanillin-Zucker
Salz
3 Eigelb — hineingeben und mit einem Teil des Mehls zu einem dicken Brei verarbeiten.

150 g Butter oder Margarine — kalt in kleine Stücke schneiden, auf den Teigbrei geben, von der Mitte aus alle Zutaten schnell zu einem glatten Teig verkneten.
Sollte der Teig kleben, ihn eine Zeitlang kalt stellen.
Aus dem Teig daumendicke Rollen formen. Diese in so große Stücke schneiden, daß sich daraus (mit bemehlten Händen) knapp walnußgroße Kugeln formen lassen.
Jede Kugel zuerst mit der oberen Seite in

etwas Eiweiß — tauchen.
Dann in

etwa 50 g abgezogene,
gehackte Mandeln — drücken.
Mit der Teigseite auf ein Backblech legen, mit einem dünnen Holzlöffelstiel eine Vertiefung in jede Kugel drücken.
Diese mit

etwas roter Marmelade — füllen.
Gas: 5 Minuten vorheizen 3–4, backen 3–4.
Strom: 175–200.
Backzeit: Etwa 15 Minuten.

Nußecken

Für den Teig

150 g Weizenmehl 1¹/₂ g (¹/₂ gestrichener Teel.) Backpulver Backin	mischen und auf eine Tischplatte sieben. In die Mitte eine Vertiefung eindrücken.
65 g Zucker 1 Päckchen Vanillin-Zucker 1 Ei	hinzugeben und mit einem Teil des Mehls zu einem dicken Brei verarbeiten.
65 g Margarine	kalt in kleine Stücke schneiden, auf den Brei geben, mit Mehl bedecken und von der Mitte aus alle Zutaten schnell zu einem glatten Teig verkneten. Den Teig zu einem Rechteck von 32 x 24 cm ausrollen und auf ein Backblech legen. Mit
2 EßI. Aprikosen-Konfitüre	dünn bestreichen.

Für den Belag

100 g Butter oder Margarine 100 g Zucker 1 Päckchen Vanillin-Zucker 2 EßI. Wasser	langsam erwärmen und zerlassen.
100 g gehackte Haselnußkerne	unterrühren und etwas abkühlen lassen. Den Belag gleichmäßig auf dem Teig verteilen. Vor den Teig ein mehrfach umgeknicktes Stück Alufolie legen. Gas: 3–4. Strom: 175–200. Backzeit: 20–30 Minuten. Das Gebäck etwas abkühlen lassen, in Vierecke von etwa 8 x 8 cm, diese so in Hälften teilen, daß Dreiecke entstehen.
50 g Kuvertüre	im Wasserbad oder auf der Automatikplatte glattrühren und die beiden Spitzen des Gebäcks damit bestreichen.

Feine Nußplätzchen

250 g Weizenmehl
3 g (1 gestrichener Teel.)
Backpulver Backin   mischen, auf die Tischplatte sieben.
In die Mitte eine Vertiefung eindrücken.

150 g Zucker
1 Päckchen Vanillin-Zucker
3 Tropfen Backöl Bittermandel
4 Eßl. Milch   hineingeben, mit einem Teil des Mehls zu einem dicken Brei verarbeiten.

100 g kalte Butter
oder Margarine   in Stücke schneiden.
200 g Haselnußkerne   mahlen.
Beide Zutaten auf den Brei geben, mit Mehl bedecken, von der Mitte aus alle Zutaten schnell zu einem glatten Teig verkneten. Sollte er kleben, ihn eine Zeitlang kalt stellen.
Den Teig in kleinen Mengen etwa 3 mm dick ausrollen, runde Plätzchen ausstechen, auf ein Backblech legen.
Mit

Dosenmilch   bestreichen, mit
halbierten Haselnußkernen   belegen (leicht andrücken).
Gas: 5 Minuten vorheizen 3–4, backen 3–4.
Strom: 175–200.
Backzeit: 10–15 Minuten.

Nußsterne
(Abb. Seiten 28/29)

Für den Teig

150 g Weizenmehl
1 Messerspitze
Backpulver Backin   mischen und auf die Tischplatte sieben.
In die Mitte eine Vertiefung eindrücken.

150 g Zucker
1 Päckchen Vanillin-Zucker
150 g Butter oder Margarine
150 g gemahlene
Haselnußkerne
(nach Belieben leicht geröstet)   hineingeben.
kalt in Stücke schneiden und dazugeben.

dazugeben und mit Mehl bedecken.

Alle Zutaten schnell zu einem glatten Teig verkneten. Sollte er kleben, ihn eine Zeitlang kalt stellen. Den Teig dünn ausrollen, Sterne ausstechen und auf ein Backblech legen.
Gas: 5 Minuten vorheizen 3–4, backen 3–4.
Strom: 175–200.
Backzeit: Etwa 10 Minuten.
Die Hälfte der erkalteten Plätzchen mit

3 Eßl. rotem Gelee bestreichen und die übrigen darauflegen.

Für den Guß

200 g Haselnußglasur nach Vorschrift auf dem Päckchen auflösen, die Plätzchen damit bestreichen und sofort mit

abgezogenen, halbierten
Mandeln
halbierten Haselnußkernen garnieren.

Walnußplätzchen

100 g Butter oder Margarine schaumig rühren und nach und nach
100 g Zucker
1 Päckchen Vanillin-Zucker
4 Eßl. Milch hinzugeben.
200 g Weizenmehl
3 g (1 gestrichener Teel.)
Backpulver Backin mischen, sieben und $^2/_3$ davon eßlöffelweise unterrühren. Den Rest des Mehls mit

50 g kleingeschnittener
Blockschokolade
50 g gehackten Walnußkernen unterkneten. Sollte der Teig kleben, ihn eine Zeitlang kalt stellen. Gut haselnußgroße Kugeln formen, leicht flachdrücken und auf ein gefettetes Backblech legen.
Gas: 5 Minuten vorheizen 3–4, backen 3–4.
Strom: 175–200.
Backzeit: Etwa 10 Minuten.
100 g halbbittere Kuvertüre in einem kleinen Topf im Wasserbad oder auf der Automatikplatte glattrühren und die erkalteten Plätzchen knapp zur Hälfte hineintauchen.

Gefüllte Halbmonde

(Abb. nebenstehend)

Für den Teig

2/3 von

300 g Weizenmehl
1 Päckchen Dr. Oetker Hefe

in eine Schüssel sieben und mit sorgfältig mischen. In die Mitte eine Vertiefung eindrücken.

50 g Zucker
1 Päckchen Vanillin-Zucker
3 Tropfen Backöl Zitrone
Salz
50 g zerlassene Margarine
1 Ei
125 ml (1/8 l) lauwarme Milch

hinzufügen und mit dem Mehl verrühren. Den Teig so lange schlagen, bis er Blasen wirft. Das restliche Mehl darunter kneten.
Den Teig an einem warmen Ort so lange stehenlassen, bis er etwa doppelt so hoch ist, ihn dann gut durchkneten, gut 1 cm dick ausrollen, mit einem Metallring (Durchmesser etwa 10 cm) so ausstechen, daß Halbmonde entstehen. Sie auf ein gut bestäubtes Backbrett legen, an einem warmen Ort nochmals so lange stehenlassen, bis sie etwa doppelt so hoch sind.
Die „Halbmonde" schwimmend in siedendem

Ausbackfett

auf beiden Seiten hellbraun backen.

Für die Füllung

1 Päckchen Pudding-Pulver Vanille-Geschmack
50 g Zucker
500 ml (1/2 l) kalter Milch

mischen, mit 6 Eßl. von anrühren, die übrige Milch erhitzen, das angerührte Pudding-Pulver in die kochende, von der Kochstelle genommene Milch geben, kurz aufkochen lassen, kalt stellen und ab und zu rühren.

150 g Butter

schaumig rühren, den Pudding eßlöffelweise darunter geben.
Die „Halbmonde" jeweils an der äußeren Seite bis gut zur Mitte aufschneiden, die Buttercreme hineinspritzen. Das Gebäck mit

Puderzucker

bestäuben.

Holländisches Kaffeegebäck

Für den Teig

300 g Butter oder Margarine
100 g gesiebten Puderzucker
1 Päckchen Vanillin-Zucker
2 Eier
Salz
abgeriebene Schale von
1 ungespritzten Zitrone
400 g Weizenmehl
3 g (1 gestrichener Teel.)
Backpulver Backin

schaumig rühren und nach und nach

hinzugeben.
sieben, mit

mischen und eßlöffelweise unterrühren.
Den Teig in einen Spritzbeutel mit Sterntülle fül-
len und in eng untereinanderliegenden Linien auf
ein Backblech spritzen, so daß jeweils die Form
eines langgezogenen Dreiecks entsteht.
Gas: 5 Minuten vorheizen 3–4, backen 3–4.
Strom: 175–200.
Backzeit: Etwa 15 Minuten.
Die Hälfte der erkalteten Plätzchen mit

etwa 100 g
Aprikosen-Konfitüre

bestreichen und die übrigen mit der Unterseite
darauf legen.

Für den Guß

Etwa 100 g Kuvertüre
20 g Kokosfett

in einem kleinen Topf im Wasserbad oder auf der
Automatikplatte zu einer geschmeidigen Masse
verrühren.
Die Plätzchen mit der breiten Seite hineintauchen.

Florentiner Plätzchen

Für den Teig

150 g Weizenmehl

auf die Tischplatte sieben.
In die Mitte eine Vertiefung drücken.

50 g Zucker
1 Päckchen Vanillin-Zucker
2 Eßl. Wasser

hineingeben und mit einem Teil des Mehls zu
einem dicken Brei verarbeiten.

65 g Butter oder Margarine	kalt in kleine Stücke schneiden, daraufgeben, mit Mehl bedecken und von der Mitte aus alle Zutaten schnell zu einem glatten Teig verkneten. Sollte er kleben, ihn eine Zeitlang kalt stellen. Den Teig etwa 3 cm dick ausrollen, runde Plätzchen (Durchmesser etwa 5 cm) ausstechen, auf ein gefettetes Backblech legen und hellgelb vorbacken. Gas: 5 Minuten vorheizen 3–4, backen 3–4. Strom: 175–200. Backzeit: Etwa 8 Minuten.

Für den Belag

50 g Butter *100 g Zucker* *2 Eßl. Honig*	unter Rühren so lange erhitzen, bis die Masse leicht gebräunt ist.
125 ml ($^1/_8$ l) Sahne	hinzufügen und rühren, bis der Zucker gelöst ist.
100 g abgezogene, gehobelte Mandeln *100 g gehobelte Haselnußkerne* *25 g in Stücke geschnittene Belegkirschen*	dazugeben und so lange unter Rühren schwach kochen lassen, bis die Masse gebunden ist. Den Belag auf die vorgebackenen Plätzchen verteilen. Gas: 5 Minuten vorheizen 3–4, backen 3–4. Strom: 175–200. Backzeit: Etwa 10 Minuten.
75 g dunkle Kuchenglasur	nach Vorschrift auf dem Päckchen auflösen und die erkalteten Plätzchen auf der Unterseite damit bestreichen.

Nougatkaros

Für den Teig

250 g Weizenmehl
1¹/₂ g (¹/₂ gestrichener Teel.)
Backpulver Backin

mischen und auf die Tischplatte sieben. In die Mitte eine Vertiefung eindrücken.

75 g Zucker
1 Päckchen Vanillin-Zucker
1 Ei

hineingeben und mit einem Teil des Mehls zu einem dicken Brei verarbeiten.

200 g Butter oder Margarine

kalt in Stücke schneiden und daraufgeben.

150 g leicht geröstete,
gemahlene Haselnußkerne

daraufgeben, mit Mehl bedecken und von der Mitte aus alle Zutaten schnell zu einem glatten Teig verkneten. Sollte er kleben, ihn eine Zeitlang kalt stellen.
Den Teig dünn ausrollen und in Quadrate von etwa 3 x 3 cm rädern oder schneiden.
Auf ein Backblech legen.
Gas: 5 Minuten vorheizen 3–4, backen 3–4.
Strom: 175–200.
Backzeit: 8–10 Minuten.

Für die Füllung

200 g Nuß-Nougatmasse

in einem kleinen Topf im Wasserbad oder auf der Automatikplatte glattrühren.
Die Hälfte der erkalteten Plätzchen auf der Unterseite damit bestreichen.
Die übrigen mit der Unterseite darauf legen.

Zum Garnieren

50–75 g Kuvertüre
15 g Kokosfett

in einen kleinen Topf geben, im Wasserbad oder auf der Automatikplatte zu einer geschmeidigen Masse verrühren.
Die Plätzchen jeweils mit einer Ecke hineintauchen.

Kosakentaler

Für den Teig

300 g Weizenmehl
1¹/₂ g (¹/₂ gestrichener Teel.)
Backpulver Backin

mischen und auf die Tischplatte sieben.
In die Mitte eine Vertiefung drücken.

100 g Zucker
1 Päckchen Vanillin-Zucker
3 Eßl. Milch

hineingeben und mit einem Teil des Mehls zu einem dicken Brei verarbeiten.

150 g Butter oder Margarine

kalt in Stücke schneiden, mit Mehl bedecken und von der Mitte aus alle Zutaten schnell zu einem glatten Teig verkneten. Sollte er kleben, ihn eine Zeitlang kalt stellen.

Den Teig dünn ausrollen, mit einer runden Form (Durchmesser etwa 4 cm) Plätzchen ausstechen und auf ein gefettetes Backblech legen.

Gas: 5 Minuten vorheizen 3–4, backen 3–4.
Strom: 175–200.
Backzeit: 8–10 Minuten.

Für die Füllung

150 g Nuß-Nougatmasse

in einem kleinen Topf im Wasserbad oder auf der Automatikplatte glattrühren.

Die Hälfte der erkalteten Plätzchen auf der Unterseite mit der Masse bestreichen.

Die übrigen mit der Unterseite darauf legen und gut andrücken.

Etwas herausgedrückte Füllung am Rand gut verstreichen.

Die Plätzchen mit dem Rand durch

etwa 50 g gemahlene
Haselnußkerne

rollen.

Amerikaner

Für den Teig (20 Stück)

100 g Butter oder Margarine	schaumig rühren und nach und nach
100 g Zucker	
1 Päckchen Vanillin-Zucker	
2 Eier	
Salz	hinzugeben.
1 Päckchen Pudding-Pulver	
Vanille-Geschmack	mit
3 Eßl. Milch	hinzufügen.
250 g Weizenmehl	
9 g (3 gestrichene Teel.)	
Backpulver Backin	mischen, sieben und eßlöffelweise unterrühren.

Mit 2 Eßlöffeln nicht zu große Teighäufchen auf ein gefettetes Backblech setzen.
Gas: 5 Minuten vorheizen 3–4, backen 3–4.
Strom: 175–200.
Backzeit: 15–20 Minuten.

Für hellen Guß

100 g Puderzucker	sieben, mit
etwa 1 Eßl. heißem Wasser	glattrühren, so daß eine dickflüssige Masse entsteht.

Die Hälfte der Amerikaner auf der Unterseite mit dem Guß bestreichen.

Für dunklen Guß

100 g Puderzucker	
15 g Kakao	mischen, sieben, mit
etwa 2 Eßl. heißem Wasser	glattrühren, so daß eine dickflüssige Masse entsteht.

Den Rest der Amerikaner auf der Unterseite mit dem Guß bestreichen.

Mohnkränzchen

175 g Butter oder Margarine	schaumig rühren und nach und nach
100 g Zucker	
1 Päckchen Vanillin-Zucker	
1 Ei	hinzugeben.

175 g Weizenmehl	
75 g Speisestärke,	
z. B. Gustin	mischen, sieben, mit
100 g gemahlenem Mohn	vermischen und eßlöffelweise unterrühren.

Den Teig in einen Spritzbeutel mit gezackter Tülle füllen und Ringe (Durchmesser etwa 4 cm) auf ein Backblech spritzen.
Gas: 5 Minuten vorheizen 3–4, backen 3–4.
Strom: 175–200.
Backzeit: Etwa 10 Minuten.

Ingwergebäck

Für den Teig

125 g Butter oder Margarine	schaumig rühren und nach und nach
200 g Zucker	
1 Päckchen Vanillin-Zucker	
2 Teel. gemahlenen Ingwer	
4 Eier	hinzugeben.
250 g Weizenmehl	
3 g (1 gestrichener Teel.)	
Backpulver Backin	mischen, sieben und mit
250 g geraspelter Schokolade	eßlöffelweise unterrühren.
200 g Rosinen	waschen, gut abtropfen lassen, kleinschneiden und zuletzt unter den Teig heben.

Den Teig auf ein gefettetes Backblech streichen.
Gas: 5 Minuten vorheizen 3–4, backen 3–4.
Strom: 175–200.
Backzeit: 20–25 Minuten.
Das erkaltete Gebäck in Quadrate (etwa 4 x 4 cm) schneiden.

Für den Guß

| 150 g halbbittere Kuvertüre | in einem kleinen Topf im Wasserbad oder auf der Automatikplatte glattrühren. |

Das Gebäck damit bestreichen und nach Belieben mit

| Belegkirschen | garnieren. |

Tiroler Plätzchen

(Abb. Seite 72/73)

Für den Teig

225 g Weizenmehl
3 g (1 gestrichener Teel.)
Backpulver Backin — mischen und auf die Tischplatte sieben. In die Mitte eine Vertiefung eindrücken.

125 g Zucker
1 Päckchen Vanillin-Zucker
1 Ei
1 Messerspitze
gemahlene Nelken
1 Messerspitze
gemahlener Zimt — hineingeben und mit einem Teil des Mehls zu einem dicken Brei verarbeiten.

125 g Butter oder Margarine — kalt in Stücke schneiden und darauf geben.
125 g abgezogene,
gemahlene Mandeln
25 g feingewürfeltes
Zitronat (Sukkade)
25 g feingewürfeltes
Orangeat — daraufgeben, mit Mehl bedecken und alle Zutaten von der Mitte her schnell zu einem glatten Teig verkneten. Sollte er kleben, ihn noch eine Zeitlang kalt stellen.
Den Teig dünn ausrollen und in kleine Stücke (etwa 3 x 3 cm) rädern oder schneiden. Auf ein gefettetes Backblech legen.

1 Eigelb
etwas Dosenmilch — miteinander verschlagen und den Teig damit bestreichen.
Gas: 5 Minuten vorheizen 3–4, backen 3–4.
Strom: 175–200.
Backzeit: Etwa 10 Minuten.

Für den Guß

Etwa 30 g Puderzucker
etwa 1 Teel. Orangensaft — glattrühren, so daß eine dickflüssige Masse entsteht. Die Plätzchen damit verzieren und mit

feingehacktem Orangeat — bestreuen.

Nougatstangen

(Abb. nachfolgende Seiten)

Für den Teig

225 g Butter oder Margarine
100 g Puderzucker
1 Päckchen Vanillin-Zucker
3 Eigelb
2 Messerspitzen
gemahlenen Zimt

schaumig rühren und nach und nach

hinzugeben.

200 g Weizenmehl
40 g Kakao
3 g (1 gestrichener Teel.)
Backpulver Backin
125 g gemahlene,
geröstete Haselnußkerne

mischen, sieben und eßlöffelweise unterrühren.

zuletzt unter den Teig heben.
Den Teig in einen Spritzbeutel mit gezackter Tülle füllen und etwa 4 cm lange Stangen auf ein gefettetes Backblech spritzen.
Gas: 5 Minuten vorheizen 3–4, backen 3–4.
Strom: 175–200.
Backzeit: 7–10 Minuten.

Für die Füllung

Etwa 100 g Nuß-Nougatmasse

in einem kleinen Topf im Wasserbad oder auf der Automatikplatte glattrühren.
Die Hälfte der erkalteten Plätzchen auf der Unterseite mit der Nougatmasse bestreichen. Die übrigen darauf legen und gut andrücken.

Für den Guß

150 g zartbittere
Schokolade

in kleine Stücke brechen.
Mit

30 g Kokosfett

in einem kleinen Topf im Wasserbad oder auf der Automatikplatte zu einer geschmeidigen Masse verrühren.
Die Stangen hineintauchen.

Spekulatius
(Abb. nebenstehend)

500 g Weizenmehl
6 g (2 gestrichene Teel.)
Backpulver Backin — mischen, auf die Tischplatte sieben.
In die Mitte eine Vertiefung eindrücken.

250 g Zucker
1 Päckchen Vanillin-Zucker
2 Tropfen Backöl Bittermandel
2 Messerspitzen
gemahlenen Kardamom
2 Messerspitzen
gemahlene Nelken
1 gestrichenen Teel.
gemahlenen Zimt
2 Eier — hineingeben, mit einem Teil des Mehls zu einem dicken Brei verarbeiten.

200 g Butter oder Margarine — kalt in Stücke schneiden, auf den Brei geben.

100 g abgezogene,
gemahlene Mandeln
oder Haselnußkerne — darüber streuen, mit Mehl bedecken, von der Mitte aus alle Zutaten schnell zu einem glatten Teig verkneten. Sollte er kleben, ihn eine Zeitlang kalt stellen.

Den Teig dünn ausrollen, mit beliebigen Formen (vor allem Tierformen) ausstechen, auf ein gefettetes Backblech legen.

Werden Holzmodel benutzt, den Teig in den gut bemehlten Model drücken, den überstehenden Teig abschneiden, die Spekulatiusstücke aus dem Model schlagen.

Gas: 5 Minuten vorheizen 3–4, backen 3–4.
Strom: 175–200.
Backzeit: Etwa 10 Minuten.

Gefüllte Ingwerplätzchen

Für den Teig

250 g Weizenmehl
1¹/₂ g (¹/₂ gestrichener Teel.)
Backpulver Backin mischen, auf die Tischplatte sieben.
In die Mitte eine Vertiefung eindrücken.

75 g Zucker
1 Päckchen Vanillin-Zucker
75 g gemahlene Mandeln
oder gemahlene
Haselnußkerne
3 gestrichene Eßl. fein-
gewürfelte Ingwerfrüchte
1¹/₂ gestrichene Teel.
gemahlenen Ingwer
¹/₂ gestrichenen Teel.
gemahlenen Zimt
1 gestrichenen Teel. Kakao
1 Ei hineingeben, mit einem Teil des Mehls zu einem
dicken Brei verarbeiten.

125 g Butter oder Margarine kalt in Stücke schneiden, auf den Brei geben, mit
Mehl bedecken, von der Mitte aus alle Zutaten
schnell zu einem glatten Teig verkneten. Sollte er
kleben, ihn eine Zeitlang kalt stellen.
Den Teig dünn ausrollen, mit einer runden Form
Plätzchen ausstechen und auf ein gefettetes
Backblech legen.
Gas: 5 Minuten vorheizen 3–4, backen 3–4.
Strom: 175–200.
Backzeit: Etwa 5 Minuten.
Die Hälfte der erkalteten Plätzchen auf der Unter-
seite dünn mit

2 Eßl. bitterer
Orangenmarmelade
(durch ein Sieb gestrichen) bestreichen.
Die übrigen mit der Unterseite darauf setzen.

Für den Guß

100 g Puderzucker   sieben, mit
1–2 Eßl. Ingwersirup
1–2 Eßl. Wasser   verrühren, so daß ein dickflüssiger Guß entsteht. Die Oberfläche der Plätzchen damit bestreichen und mit

Ingwerfruchtstückchen   garnieren.

Gewürzplätzchen

1 Packung Teigmischung
für Butter-Spritzgebäck   in eine Schüssel geben.
150 g Butter oder Margarine   kalt in kleine Stücke schneiden und dazugeben.
1 Ei
$^1/_2$ Fläschchen Rum-Aroma
2 Teel. gemahlenen Zimt
$^1/_2$ gestrichenen Teel.
gemahlenen Kardamom
1 Messerspitze
gemahlene Muskatblüte
50 g abgezogene,
gemahlene Mandeln   dazugeben und mit einem elektrischen Handrührgerät mit Knethaken auf höchster Stufe in etwa 3 Minuten zu einer zusammenhängenden Masse verarbeiten. Dann auf der Tischplatte mit den Händen schnell zu einem glatten Teig verkneten. Sollte er kleben, ihn eine Zeitlang kalt stellen. Die Tischplatte dicht mit

abgezogenen, gehobelten
Mandeln   bestreuen, den Teig dünn darauf ausrollen.
Mit beliebigen Formen (vor allem Tierformen) Plätzchen ausstechen und auf ein gefettetes Backblech legen.
Werden Holzmodel benutzt, den Teig in den gut gemehlten Model drücken, überstehenden Teig abschneiden und die Teigstücke aus dem Model schlagen.
Gas: 5 Minuten vorheizen 4–5, backen 4–5.
Strom: 175–200.
Backzeit: 10–15 Minuten.

Rondjes

(Abb. vorhergehende Seiten)

50 g Zucker	unter Rühren so lange erhitzen, bis er gebräunt ist und ihn dann auf ein geöltes Stück Alufolie legen. Nach dem Erkalten den Zucker fein zerdrücken.
175 g Butter 75 g Rohzucker 1 Teel. Sirup 1 Eßl. Wasser	schaumig rühren und nach und nach hinzufügen.
250 g Weizenmehl	sieben und eßlöffelweise unterrühren. Zuletzt den zerdrückten Zucker unterkneten. Aus dem Teig gut haselnußgroße Kugeln formen, nicht zu dicht nebeneinander auf ein Backblech legen und flachdrücken. Gas: 5 Minuten vorheizen 3–4, backen 3–4. Strom: 175–200. Backzeit: Etwa 10 Minuten. Die Plätzchen sofort nach dem Backen vom Backblech lösen. Das Gebäck in einer gut schließenden Blechdose aufbewahren.

Rumkränzchen

(Abb. vorhergehende Seiten)

	Für den Teig
100 g Butter oder Margarine 100 g Zucker 1 Päckchen Vanillin-Zucker 1 Fläschchen Rum-Aroma 1 Ei	schaumig rühren und nach und nach hinzugeben.
100 g Weizenmehl 3 g (1 gestrichener Teel.) Backpulver Backin 200 g Haferflocken	mischen, sieben und eßlöffelweise unterrühren. unterkneten. Sollte der Teig kleben, ihn eine Zeitlang kalt stellen. Den Teig dünn ausrollen und mit einer runden Form (Durchmesser etwa 6 cm) Plätzchen ausstechen. Die Teigplätzchen mit einer kleineren Form

in der Mitte so ausstechen, daß Kränzchen entstehen, und diese auf ein gefettetes Backblech legen.
Gas: 5 Minuten vorheizen 3–4, backen 3–4.
Strom: 175–200.
Backzeit: 10–15 Minuten.

Für den Guß

100 g Puderzucker	sieben und mit
2–3 EßI. Rum	verrühren, so daß eine dickflüssige Masse entsteht. Die noch warmen Kränzchen damit bestreichen.

Gewürzmürbchen

250 g Weizenmehl	auf die Tischplatte sieben. In die Mitte eine Vertiefung eindrücken.
1 gut gehäuften EßI. Zucker *1 Päckchen Vanillin-Zucker* *1 Fläschchen Rum-Aroma* *1 Messerspitze* *gemahlenen Zimt* *1 Messerspitze* *gemahlene Nelken* *2 EßI. Sahne* *1 Eiweiß*	hineingeben und mit einem Teil des Mehls zu einem dicken Brei verarbeiten.
150 g Butter oder Margarine	kalt in kleine Stücke schneiden, darauf geben, mit Mehl bedecken und von der Mitte aus alle Zutaten schnell zu einem glatten Teig verkneten. Sollte er kleben, ihn eine Zeitlang kalt stellen. Den Teig knapp 1/2 cm dick ausrollen, mit beliebigen Formen Plätzchen ausstechen und auf ein Backblech legen.
1 Eigelb *1 EßI. Milch*	miteinander verschlagen, die Teigplätzchen damit bestreichen, mit
Hagelzucker oder *grobem Zucker*	bestreuen und goldgelb backen. Gas: 3–4. Strom: 175–200. Backzeit: 10–15 Minuten.

Mutzenmandeln

500 g Weizenmehl 6 g (2 gestrichene Teel.) Backpulver Backin	mischen und auf eine Tischplatte sieben. In die Mitte eine Vertiefung drücken.
150 g Zucker 3–4 Tropfen Backöl Bittermandel 1 Fläschchen Rum-Aroma 3 Eier	hineingeben, mit einem Teil des Mehls zu einem dicken Brei verarbeiten.
150 g Margarine	kalt in Stücke schneiden, auf den Brei geben, mit Mehl bedecken, von der Mitte aus alle Zutaten schnell zu einem glatten Teig verkneten. Sollte er kleben, ihn eine Zeitlang kalt stellen. Den Teig etwa 1 cm dick ausrollen, Mutzenman- deln ausstechen, schwimmend in siedendem
Ausbackfett (Speiseöl, Schweineschmalz oder Kokosfett)	goldgelb backen. Mit einem Schaumlöffel herausnehmen, gut ab- tropfen lassen, noch heiß in
Zucker	wälzen.

Kokosplätzchen

250 g Weizenmehl 1¹/₂ g (¹/₂ gestrichener Teel.) Backpulver Backin	mischen, auf eine Tischplatte sieben. In die Mitte eine Vertiefung drücken.
250 g Zucker 1 Päckchen Vanillin-Zucker 5 Tropfen Backöl Bittermandel 1 Ei	hineingeben, mit einem Teil des Mehls zu einem dicken Brei verarbeiten.
250 g Butter oder Margarine 250 g Kokosraspeln	in Stücke schneiden, auf den Brei geben. darüber streuen, mit Mehl bedecken. Von der Mitte aus alle Zutaten schnell zu einem glatten Teig verkneten.

Den Teig dünn ausrollen, mit einer runden Form (Durchmesser etwa 4 cm) ausstechen, auf ein Backblech legen.
Gas: 5 Minuten vorheizen 3–4, backen 3–4.
Strom: 175–200.
Backzeit: Etwa 10 Minuten.

Doppelt gefüllte Mürbchen

Für den Teig

325 g Weizenmehl
3 g (1 gestrichener Teel.)
Backpulver Backin   mischen und auf die Tischplatte sieben.
In die Mitte eine Vertiefung eindrücken.

100 g Zucker
1 Päckchen Vanillin-Zucker
1 Ei   hineingeben und mit einem Teil des Mehls zu einem dicken Brei verarbeiten.

200 g Butter oder Margarine   kalt in Stücke schneiden, darauf geben, mit Mehl bedecken und von der Mitte aus alle Zutaten schnell zu einem glatten Teig verkneten. Sollte er kleben, ihn eine Zeitlang kalt stellen.

Den Teig dünn ausrollen und mit einer runden, gezackten Form (Durchmesser etwa 4 cm) Plätzchen ausstechen. Die Hälfte davon in der Mitte nochmals ausstechen (Durchmesser etwa 1 cm), so daß Ringe entstehen.
Plätzchen und Ringe auf ein Backblech legen.
Gas: 5 Minuten vorheizen 3–4, backen 3–4.
Strom: 175–200.
Backzeit: 8–10 Minuten.

Für die Füllung
Die erkalteten Plätzchen auf der Unterseite mit bestreichen und die Ringe mit der Unterseite darauf legen.

Ananas-Konfitüre

75 g zartbittere Schokolade   in Stücke brechen und mit
etwas Kokosfett   in einem kleinen Topf im Wasserbad oder auf der Automatikplatte zu einer geschmeidigen Masse verrühren.
Die Plätzchen in der Mitte damit füllen.

Schokostäbchen

(Abb. nebenstehend)

Für den Teig

1 Ei	
1 Eigelb	
125 g Zucker	
1 Päckchen Vanillin-Zucker	
Salz	
1 gestrichenen Teel. Instant-Kaffee	schaumig schlagen.
60 g zartbittere Schokolade	in kleine Stücke brechen, in einem kleinen Topf im Wasserbad oder auf der Automatikplatte glattrühren und unter die Eiermasse rühren.
200 g gemahlene Mandeln	
1 Messerspitze Backpulver Backin	mischen und zu 2/3 unterrühren, den Rest unterkneten.
	Den Teig kalt stellen.

Für den Guß

1 Eiweiß	steif schlagen.
60 g Puderzucker	sieben, mit
1 gestrichenem Teel. Kakao	mischen und eßlöffelweise unter das Eiweiß schlagen.

Den Teig zu einem Rechteck von 12 x 40 cm ausrollen.

Die Teigplatte gleichmäßig mit dem Guß bestreichen. Stäbchen (etwa 6 x 1 cm) schneiden und auf ein gefettetes Backblech legen.

Gas: 5 Minuten vorheizen 3–4, backen 3–4.

Strom: 175–200.

Backzeit: 10–15 Minuten.

Schneetaler

300 g Weizenmehl	auf die Tischplatte sieben.
	In die Mitte eine Vertiefung drücken.
100 g Zucker	
1 Päckchen Vanillin-Zucker	hineingeben.
275 g Butter oder Margarine	kalt in Stücke schneiden und darauflegen.
100 g abgezogene,	
gemahlene Mandeln	hineingeben, mit Mehl bedecken, von der Mitte aus alle Zutaten schnell zu einem glatten Teig verkneten. Sollte er kleben, ihn eine Zeitlang kalt stellen.

Den Teig in kleinen Portionen dünn ausrollen, mit einer runden Form (Durchmesser 4–5 cm) ausstechen, auf ein Backblech legen.

Gas: 5 Minuten vorheizen 3–4, backen 3–4.

Strom: 175–200.

Backzeit: 8–10 Minuten.

50–75 g Puderzucker	sieben, mit
1 Päckchen Vanillin-Zucker	mischen.

Das erkaltete Gebäck damit bestäuben.

Rote Nestchen

(Abb. S. 139)

Für den Teig

275 g Weizenmehl	auf eine Tischplatte sieben.
	In die Mitte eine Vertiefung eindrücken.
150 g Zucker	
1 Päckchen Vanillin-Zucker	
2 Eigelb	
2 Tropfen Backöl Bittermandel	hineingeben, mit einem Teil des Mehls zu einem dicken Brei verarbeiten.
175 g kalte Margarine	in Stücke schneiden, auf den Brei geben, mit Mehl bedecken, von der Mitte aus alle Zutaten schnell zu einem glatten Teig verkneten.

Etwa ³/₄ des Teiges nicht zu dünn ausrollen, mit einer runden Form (Durchmesser etwa 4 cm) ausstechen, auf ein Backblech legen.

Für den Belag

250 g Marzipan-Rohmasse	mit
2 Eiweiß	gut verrühren.

Die Masse in einen Spritzbeutel füllen, als Kranz auf die Teigplätzchen spritzen.

Rotes Gelee in die Mitte geben.

Den restlichen Teig ausrollen, zu beliebigen Formen ausstechen, auf ein Backblech legen, mit

Dosenmilch
gehobelten Mandeln bestreichen, mit

Zucker und Zimt bestreuen.

Gas: 5 Minuten vorheizen 2–3, backen 2–3.
Strom: 175–200.
Backzeit: 12–20 Minuten.

Zuckersternchen

Für den Teig

250 g Weizenmehl
3 g (1 gestrichener Teel.)
Backpulver Backin mischen, auf eine Tischplatte sieben. In die Mitte eine Vertiefung eindrücken.

50 g Zucker
1 Päckchen Vanillin-Zucker
Salz
5 Tropfen Backöl Zitrone
1 Eigelb
3 EßI. Milch hineingeben, mit einem Teil des Mehls zu einem dicken Brei verarbeiten.

100 g kalte Margarine in Stücke schneiden, auf den Brei geben, mit Mehl bedecken, von der Mitte aus alle Zutaten schnell zu einem glatten Teig verkneten. Sollte er kleben, ihn eine Zeitlang kalt stellen.

Den Teig dünn ausrollen, Sternchen ausstechen, auf ein Backblech legen.

Gas: 5 Minuten vorheizen 3–4, backen 3–4.
Strom: 175–200.
Backzeit: 5–10 Minuten.

Für den Guß

150 g Puderzucker sieben, mit

1 Eiweiß
1 EßI. Zitronensaft
etwas heißem Wasser glattrühren.

Die erkalteten Sternchen damit bestreichen.

Sterntaler

Für den Teig

250 g Weizenmehl auf die Tischplatte sieben.
In die Mitte eine Vertiefung drücken.

50 g Puderzucker sieben, mit
1 Päckchen Vanillin-Zucker mischen. Mit
abgeriebener Schale von
¹/₂ ungespritzten Zitrone
1 Eßl. Zitronensaft darauf geben und mit einem Teil des Mehls zu einem dicken Brei verarbeiten.

175 g Butter oder Margarine kalt in Stücke schneiden, auf den Teigbrei geben, mit Mehl bedecken und alle Zutaten von der Mitte her schnell zu einem glatten Teig verkneten. Sollte er kleben, ihn eine Zeitlang kalt stellen.
Den Teig etwa 3 mm dick ausrollen.
Sterne ausstechen und auf ein gefettetes Backblech legen.
Gas: 5 Minuten vorheizen 3–4, backen 3–4.
Strom: 175–200.
Backzeit: Etwa 8 Minuten.

Für den Guß

175 g Puderzucker sieben, mit
etwa 3 Eßl. Zitronensaft glattrühren, so daß eine dickflüssige Masse entsteht.
Die erkalteten Plätzchen damit bestreichen.
Etwa 20 g Pistazien abziehen, fein hacken.
Die Plätzchen damit garnieren.

Punschherzen
(Abb. S. 91)

Für den Teig

150 g Weizenmehl
3 g (1 gestrichener Teel.)
Backpulver Backin mischen und auf die Tischplatte sieben.
In die Mitte eine Vertiefung drücken.

75 g Zucker
1 Päckchen Vanillin-Zucker
1 Ei
1 Eigelb hineingeben und mit einem Teil des Mehls zu einem dicken Brei verarbeiten.

75 g Butter oder Margarine	kalt in Stücke schneiden und auf den Teigbrei geben.
50 g abgezogene, gemahlene Mandeln	darauf geben, mit Mehl bedecken und von der Mitte aus alle Zutaten schnell zu einem glatten Teig verkneten. Sollte der Teig kleben, ihn eine Zeitlang kalt stellen. Den Teig dünn ausrollen, Herzen ausstechen und auf ein Backblech legen. Gas: 5 Minuten vorheizen 3–4, backen 3–4. Strom: 175–200. Backzeit: Etwa 10 Minuten.

	Für den Guß
125 g Puderzucker	sieben, mit
1 Eiweiß	
5 Tropfen Backöl Zitrone	
einigen Tropfen Wasser	glattrühren, so daß eine dickflüssige Masse entsteht, die erkalteten Plätzchen damit bestreichen. Nach Belieben mit
Buntzucker	bestreuen.

Kokoshäufchen
(Abb. S. 91)

125 g Butter oder Margarine	schaumig rühren und nach und nach
125 g Zucker	
1 Päckchen Vanillin-Zucker	
1 Ei	
$\frac{1}{2}$ Fläschchen Rum-Aroma	
3 Tropfen Backöl Bittermandel	hinzugeben.
125 g Weizenmehl	
6 g (2 gestrichene Teel.)	
Backpulver Backin	mischen, sieben und mit
etwa 1 Eßl. Milch	unterrühren.
250 g Kokosraspeln	zuletzt unter den Teig rühren. Kleine Teighäufchen auf ein gefettetes Backblech setzen. Gas: 5 Minuten vorheizen 3–4, backen 3–4. Strom: 175–200. Backzeit: 10–12 Minuten.

Wiener Kolatschen

(Abb. nebenstehend)

	Für den Teig
125 g Butter oder Margarine	schaumig rühren und nach und nach
100 g Zucker	
1 Päckchen Vanillin-Zucker	
1 Ei	
1 Eigelb	
2 Tropfen Backöl Zitrone	hinzugeben.
250 g Weizenmehl	
9 g (3 gestrichene Teel.)	
Backpulver Backin	mischen, sieben und eßlöffelweise unterrühren. Wenn der Teig zu fest wird,
etwas Milch	hinzugeben.

Aus dem Teig walnußgroße Häufchen formen und auf ein gefettetes, mehlbestäubtes Backblech setzen.

Für den Guß

1 Eiweiß	
1 Teel. Zucker	miteinander verschlagen.

Die Teighäufchen damit bestreichen.

70 g Korinthen	waschen, abtropfen lassen, mit
50 g abgezogenen,	
gehackten Mandeln	mischen.

Die Teighäufchen hineindrücken und wieder auf das Backblech setzen.

Gas: 5 Minuten vorheizen 3–4, backen 3–4.
Strom: 175–200.
Backzeit: Etwa 15 Minuten.

Wiener Kolatschen, Rezept siehe oben
Granatsplitter, Rezept Seite 93
Kokoshäufchen, Rezept Seite 89
Punschherzen, Rezept Seite 88

Spritzgebäck
(Abb. S. 95)

	Für den Teig
250 g Butter oder Margarine	schaumig rühren, nach und nach unter Rühren
250 g Zucker	
2 Päckchen Vanillin-Zucker	
3 Eigelb	
abgeriebene Schale	
1 ungespritzten Zitrone	hinzufügen.
500 g Weizenmehl	
6 g (2 gestrichene Teel.)	
Backpulver Backin	mischen, sieben, eßlöffelweise mit
gut 1 Eßl. Milch	unterrühren.

Bevor das Mehl ganz untergearbeitet ist, wird der Teig sehr fest, dann den Rest des Mehls leicht darunter kneten. Den Teig durch einen Fleischwolf mit Spezialvorsatz spritzen, in beliebig lange Stücke schneiden, auf ein Backblech legen.
Gas: 5 Minuten vorheizen 3–4, backen 3–4.
Strom: 175–200.
Backzeit: Etwa 15 Minuten.

	Für den Guß
100 g Puderzucker	
20 g Kakao	mischen, sieben, mit
etwa 1$^{1}/_{2}$ Eßl. heißem Wasser	glattrühren.
50 g Butter	zerlassen, heiß darunter rühren. Das Gebäck an einer Schmalseite mit dem Guß bestreichen.

Butterplätzchen
(Abb. S. 95)

250 g Butter	zerlassen, kalt stellen. In das erkaltete, wieder etwas fest gewordene Fett eßlöffelweise
175 g Zucker	
2 Päckchen Vanillin-Zucker	geben, so lange rühren, bis Butter und Zucker weißschaumig geworden sind.
300 g Weizenmehl	sieben, $^{2}/_{3}$ davon eßlöffelweise unterrühren. Wenn der Teig fester wird,
1 Eßl. Milch	hinzufügen.

Den Rest des Mehls mit dem Teigbrei zu einem glatten Teig verkneten.

Den Teig dünn ausrollen, mit kleinen Formen ausstechen und auf ein Backblech legen.
Gas: 5 Minuten vorheizen 2¹/₂–3¹/₂, backen 2¹/₂–3¹/₂.
Strom: 175–200.
Backzeit: Etwa 10 Minuten.

Granatsplitter

(Abb. S. 91)

Für den Teig

150 g Weizenmehl
3 g (1 gestrichener Teel.)
Backpulver Backin   mischen und auf die Tischplatte sieben.
50 g Zucker
1 Päckchen Vanillin-Zucker
1 Fläschchen Rum-Aroma
2 Eßl. Milch oder Wasser   in eine Vertiefung geben und mit einem Teil des Mehls zu einem dicken Brei verarbeiten.

50 g Butter oder Margarine   kalt in Stücke schneiden, auf den Teigbrei geben, mit Mehl bedecken und von der Mitte aus alle Zutaten schnell zu einem glatten Teig verkneten. Den Teig dünn ausrollen, mit einer runden Form (Durchmesser etwa 4 cm) 45 Plätzchen ausstechen, den Teigrest zu Plätzchen ausrädern, alle auf ein gefettetes Backblech legen.
Gas: 5 Minuten vorheizen 3–4, backen 3–4.
Strom: 175–200.
Backzeit: Etwa 10 Minuten.

Für den Belag

125 g Kokosfett   zerlassen, abkühlen lassen.
65 g Puderzucker   mit
25 g Kakao
1 Päckchen Vanillin-Zucker   in eine Rührschüssel sieben.
1 Fläschchen Rum-Aroma   hinzufügen.
1 Ei   und nach und nach das Kokosfett unterrühren. Die ausgeräderten Plätzchen zerkrümeln, mit
75 g Mandelstiften   unter die Kakaomasse rühren. Die Masse bergförmig auf die runden Plätzchen streichen.
Etwa 150 g Kuvertüre   zu einer geschmeidigen Masse verrühren. Die Granatsplitter mit der Oberseite hineintauchen.

Nußtaler

(Abb. nebenstehend)

Für den Teig

375 g Weizenmehl
125 g Speisestärke,
z. B. Gustin
6 g (2 gestrichene Teel.)
Backpulver Backin   mischen und auf die Tischplatte sieben.
In die Mitte eine Vertiefung drücken.

250 g Zucker
1 Päckchen Vanillin-Zucker
3 Tropfen Backöl Bittermandel
2 Eier   hineingeben und mit einem Teil des Mehls zu
einem dicken Brei verarbeiten.

250 g Butter oder Margarine   kalt in Stücke schneiden und daraufgeben.
250 g Haselnußkerne   in Viertel schneiden, daraufgeben und mit Mehl
bedecken. Alle Zutaten schnell von der Mitte aus
zu einem glatten Teig verarbeiten.
Aus dem Teig gut 2$\frac{1}{2}$ cm dicke Rollen formen,
kalt stellen, bis der Teig hart geworden ist. Von
den Rollen etwa $\frac{1}{2}$ cm dicke Scheiben abschneiden und auf ein Backblech legen.
Gas: 5 Minuten vorheizen 3–4, backen 3–4.
Strom: 175–200.
Backzeit: 10–15 Minuten.

Spritzgebäck, Rezept Seite 92
Butterplätzchen, Rezept Seite 92
Nußtaler, Rezept siehe oben
Vanilleplätzchen, Rezept Seite 96

94

Vanilleplätzchen

(Abb. S. 95)

Für den Teig

250 g Weizenmehl
3 g (1 gestrichener Teel.)
Backpulver Backin — mischen und auf eine Tischplatte sieben.
In die Mitte eine Vertiefung drücken.

75 g Zucker
2 Päckchen Vanillin-Zucker
1 Ei — hineingeben und mit einem Teil des Mehls zu einem dicken Brei verarbeiten.

125 g Butter oder Margarine — kalt in Stücke schneiden, auf den Brei geben, mit Mehl bedecken, von der Mitte aus alle Zutaten schnell zu einem glatten Teig verkneten. Sollte der Teig kleben, ihn eine Zeitlang kalt stellen.
Den Teig dünn ausrollen, mit einer runden Form (Durchmesser etwa 4 cm) Plätzchen ausstechen und auf ein gefettetes Backblech legen.
Gas: 5 Minuten vorheizen 3–4, backen 3–4.
Strom: 175–200.
Backzeit: 8–10 Minuten.

Zum Verzieren

etwas Kuvertüre — im Wasserbad oder auf der Automatikplatte zu einer geschmeidigen Masse verrühren.
Die erkalteten Plätzchen auf Pergamentpapier legen und mit einem Teelöffel unregelmäßig mit der Kuvertüre besprenkeln.

Vanillemürbchen

Für den Teig

250 g Weizenmehl
2 Päckchen Vanillin-Zucker — mischen und auf die Tischplatte sieben.
In die Mitte eine Vertiefung drücken.

5 Eßl. dicke saure Sahne — hinzugeben und mit einem Teil des Mehls zu einem dicken Brei verarbeiten.

175 g Butter oder Margarine	kalt in Stücke schneiden, auf den Brei geben, mit Mehl bedecken, von der Mitte aus alle Zutaten schnell zu einem glatten Teig verkneten. Sollte er kleben, ihn eine Zeitlang kalt stellen. Den Teig $1/2$ cm dick ausrollen, zunächst mit einer runden Form (Durchmesser etwa 6 cm) ausstechen. Die Teigplätzchen mit einer kleineren Form (Durchmesser etwa 4 cm) dann so ausstechen, daß Ringe und Plätzchen entstehen. Diese auf der oberen Seite mit
etwas Dosenmilch	bestreichen, in
etwa 75 g Hagelzucker	drücken, mit der unteren Seite auf ein Backblech legen. Gas: 5 Minuten vorheizen 3–4, backen 3–4. Strom: 175–200. Backzeit: 10–15 Minuten.

Zimttaler

	Für den Teig
300 g Weizenmehl	
3 g (1 gestrichener Teel.)	
Backpulver Backin	mischen und auf die Tischplatte sieben. In die Mitte eine Vertiefung drücken.
75 g Puderzucker	
1 Ei	
Salz	
1 gehäufter Teel.	
gemahlener Zimt	hineingeben und mit einem Teil des Mehls zu einem dicken Brei verarbeiten.
200 g Butter oder Margarine	kalt in Stücke schneiden und daraufgeben.
100 g gemahlene, geröstete	
Haselnußkerne	daraufgeben und von der Mitte her alle Zutaten schnell zu einem glatten Teig verkneten. Sollte er kleben, ihn eine Zeitlang kalt stellen. Den Teig etwa 3 mm dick ausrollen, mit einer runden Form (Durchmesser etwa 4 cm) Plätzchen ausstechen und auf ein Backblech legen. Gas: 5 Minuten vorheizen 3–4, backen 3–4. Strom: 175–200. Backzeit: Etwa 10 Minuten.

Nußprinten

Etwa 200 g enthäutete Haselnußkerne	halbieren.

Für den Teig

125 g Sirup (Rübenkraut) 50 g Zucker 50 g Butter oder Margarine 2 Eßl. Milch oder Wasser	langsam erwärmen, zerlassen, in eine Rührschüssel geben, kalt stellen.
50 g braunen Kandiszucker	in kleine Stücke schlagen, mit
3 Tropfen Backöl Zitrone $^1/_2$ gestrichenen Teel. gemahlenem Anis $^1/_2$ gestrichenen Teel. gemahlenen Nelken $^1/_2$ gestrichenen Teel. gemahlenem Zimt	unter die fast erkaltete Masse rühren.
250 g Weizenmehl 9 g (3 gestrichene Teel.) Backpulver Backin	mischen, sieben, $^2/_3$ davon eßlöffelweise unterrühren, den Rest des Mehls unter den Teigbrei kneten. Sollte er kleben, ihn eine Zeitlang kalt stellen. Den Teig etwa $^1/_2$ cm dick ausrollen, Rechtecke von etwa $2^1/_2$ x 7 cm daraus schneiden, auf ein mit
Butter oder Margarine	gefettetes Backblech legen. Die Haselnußhälften dicht auf die Teigstücke legen. Gas: 5 Minuten vorheizen 3–4, backen 3–4. Strom: 175–200. Backzeit: Etwa 10 Minuten.

Für den Guß

150–200 g Kuvertüre	im Wasserbad oder auf der Automatikplatte zu einer geschmeidigen Masse verrühren, die erkalteten Printen damit überziehen.

Marzipanwürfel

(Abb. vorhergehende Seite)

Für den Teig

150 g Weizenmehl
1¹/₂ g (¹/₂ gestrichener Teel.)
Backpulver Backin — mischen, auf die Tischplatte sieben.
In die Mitte eine Vertiefung drücken.

65 g Zucker
1 Päckchen Vanillin-Zucker
1 Ei — (die Hälfte des Eiweißes zurücklassen) hineingeben, mit einem Teil des Mehls zu einem dicken Brei verarbeiten.

65 g Butter oder Margarine — kalt in Stücke schneiden, auf den Brei geben, mit Mehl bedecken, von der Mitte aus alle Zutaten schnell zu einem glatten Teig verkneten. Sollte er kleben, ihn eine Zeitlang kalt stellen.
Den Teig in der Größe von 25 x 25 cm auf einem Backblech ausrollen, mehrmals mit einer Gabel einstechen, nur hellgelb backen.
Gas: 5 Minuten vorheizen 3–4, backen 3–4.
Strom: 200–225.
Backzeit: 10–15 Minuten.

Etwa 100 g Aprikosen-Konfitüre — durch ein Sieb streichen, die gut ausgekühlte Gebäckplatte damit bestreichen

Für den Belag

150 g Puderzucker — sieben, mit
250 g Marzipan-Rohmasse — verkneten, auf
gesiebtem Puderzucker — in der Größe von 25 x 25 cm ausrollen.
Die Marzipanplatte auf die Gebäckplatte legen, gut andrücken.
Mit einem Messerrücken oder kleinen Förmchen Verzierungen eindrücken.
Die obere Seite mit dem zurückgelassenen Eiweiß leicht bestreichen.
Das Backblech auf die oberste Schiene in den Backofen schieben, leicht überbacken.
Gas: Etwa 8.
Strom: Etwa 250.
Backzeit: 10–15 Minuten.
Das Gebäck erkalten lassen, in Würfel schneiden.

etwa 200 g dunkle Kuvertüre

Für den Guß
in einem kleinen Topf im Wasserbad oder auf der Automatikplatte bei schwacher Hitze zu einer geschmeidigen Masse verrühren. Die Marzipanwürfel bis zur Hälfte hineintauchen.

Zimtstangen
(Abb. S. 99)

250 g Weizenmehl
auf die Tischplatte sieben.
In die Mitte eine Vertiefung drücken.

75 g Zucker
1 Päckchen Vanillin-Zucker
$^1/_2$ Fläschchen Rum-Aroma
1 gestrichenen Eßl.
gemahlenen Zimt
1 Eigelb
hineingeben, mit einem Teil des Mehls zu einem dicken Brei verarbeiten.

125 g Butter oder Margarine
kalt in Stücke schneiden, auf den Brei geben, mit Mehl bedecken, von der Mitte aus alle Zutaten schnell zu einem glatten Teig verkneten. Sollte er kleben, ihn eine Zeitlang kalt stellen.
Den Teig dünn ausrollen, Stangen von gut 2 x 6 cm ausschneiden, auf ein Backblech legen.

1 Eiweiß
fast steif schlagen, die Stangen damit bestreichen, mit

Zucker
bestreuen.
Sollte der Eischnee nicht reichen, die restlichen Stangen mit

Dosenmilch
bestreichen, mit

Zucker (evtl. Spaltmandeln)
bestreuen.
Gas: 5 Minuten vorheizen 3–4, backen 3–4.
Strom: 175–200.
Backzeit: Etwa 10 Minuten.

Zimt-Zucker-Plätzchen

Für den Teig

250 g Weizenmehl
50 g Speisestärke,
z. B. Gustin
3 g (1 gestrichener Teel.)
Backpulver Backin — mischen und auf die Tischplatte sieben. In die Mitte eine Vertiefung drücken.

75 g Zucker
1 Päckchen Vanillin-Zucker
2 Eßl. Milch — hineingeben und mit einem Teil des Mehls zu einem dicken Brei verarbeiten.

175 g Butter oder Margarine — kalt in Stücke schneiden, darauflegen, mit Mehl bedecken und alle Zutaten von der Mitte aus schnell zu einem glatten Teig verkneten. Sollte der Teig kleben, ihn eine Zeitlang kalt stellen. Gut die Hälfte des Teiges knapp 3 cm dick ausrollen, mit einer runden Form (Durchmesser etwa 4 cm) Plätzchen ausstechen und auf ein gefettetes Backblech legen.

1 Ei — verschlagen. Die Teigplätzchen dünn damit bestreichen.

25 g Zucker
1 Messerspitze
gemahlenen Zimt — mischen, auf die Teigplätzchen streuen. Den Rest des Teiges ebenfalls knapp 3 cm dick ausrollen und mit der gleichen Form ausstechen. Die Teigplätzchen mit einer kleineren Form (Durchmesser etwa 1,5 cm) so ausstechen, daß Ringe entstehen. Jeweils 1 Ring auf die bestreuten Plätzchen legen, mit verschlagenem Ei bestreichen, mit

etwa 50 g Hagelzucker — bestreuen.

Gas: 5 Minuten vorheizen 3–4, backen 3–4.
Strom: 175–200.
Backzeit: Etwa 10 Minuten.

Figürliches Backen

... Schneemänner

Knusperhäuschen

Weihnachtseisenbahn

Weihnachtsengel ...

Nikolausstiefel

Für den Teig

125 g Bienenhonig
60 g Margarine
50 g Zucker
1 Päckchen Vanillin-Zucker

langsam erwärmen, zerlassen, in eine Rührschüssel geben und kalt stellen.
Unter die fast erkaltete Masse nach und nach

1 Eigelb
1 Messerspitze
gemahlenen Zimt
1 Messerspitze
gemahlene Nelken

geben.

250 g Weizenmehl

mit

6 g (2 gestrichene Teel.)
Backpulver Backin
10 g (1 gestrichener Eßl.)
Kakao

mischen sieben, 2/3 davon unterrühren. Den Rest des Mehls unterkneten.
Den Teig gut 1/2 cm dick ausrollen, Stiefel von gewünschter Größe (am besten nach Papierschablone) ausschneiden.
Aus dem restlichen Teig nach Belieben Plätzchen ausstechen, auf ein gefettetes Backblech legen.
Gas: 5 Minuten vorheizen 3–4, backen 3–4.
Strom: 175–200.
Backzeit: Etwa 15 Minuten.

Für den Guß

100 g Puderzucker

sieben, mit

1 Eiweiß

glattrühren, so daß eine dickflüssige Masse entsteht.
Die Stiefel mit dem Guß verzieren (am besten mit Hilfe eines Pergamentpapiertütchens), mit

bunten Süßigkeiten

garnieren.
Die Plätzchen ebenfalls verzieren, evtl. als Adventsschmuck verwenden.

Schneemänner

(Abb. vorhergehende Seiten)

(Abb. vorhergehende Seiten)

Vorbereitung
Für die Bodenfläche einen Karton von 25 x 30 cm schneiden. Außerdem Schneemänner und für Tannenbäume Sterne von verschiedener Größe auf Papier zeichnen und ausschneiden.

Für den Teig

100 g Honig
50 g Zucker
Salz
25 g Butter oder Margarine
1 Eßl. Wasser

langsam erwärmen, zerlassen, in eine Rührschüssel geben und kalt stellen.
Unter die fast erkaltete Masse nach und nach

1 Ei
$^1/_2$ Teel. gemahlenen Zimt
2 Tropfen Backöl Bittermandel

geben.

250 g Weizenmehl
25 g Kakao
9 g (3 gestrichene Teel.)
Backpulver Backin

mischen, sieben und zu $^2/_3$ unter die Masse rühren.
Den Rest unterkneten. Sollte der Teig kleben, noch etwas Mehl hinzufügen.
Den Teig auf einem gefetteten Backblech in der Größe von 32 x 35 cm ausrollen und backen.
Gas: 5 Minuten vorheizen 3–4, backen 3–4.
Strom: 175–200.
Backzeit: Etwa 10 Minuten.
Sofort nach dem Backen aus der Platte nach den Schablonen Schneemänner, Sterne (jeweils in die Mitte ein Loch stechen) und „Latten" und „Kufen" für einen Schlitten ausschneiden.
Aus dem übrigen Gebäck „Steine" für den Zaun schneiden.
Für Kugeln etwa 125 g Gebäckreste zurücklassen.

Für die Kugeln
Die zurückgelassenen Gebäckreste leicht zer-
drücken.
Mit

15 g gesiebtem Puderzucker
1 Ei
1–2 Eßl. Rum
¹/₂ Fläschen Rum-Aroma   vermengen.
Aus der Masse kleine Kugeln formen und in
30 g Kokosraspeln   wälzen.

Für die Sterne
Die Sterne mit Hilfe langer
Holzstäbchen   abwechselnd mit
Gummibonbons   aufspießen, so daß Tannenbäume entstehen.

Zum Verzieren
100 g Puderzucker   sieben und mit so viel
Eiweiß   verrühren, daß ein dickflüssiger Guß entsteht.
Die Tannenbäume mit Guß verzieren.
Die Schneemänner mit Guß bestreichen und
nach Belieben mit Süßigkeiten garnieren.
Den Schlitten ebenfalls mit Guß zusammenset-
zen.

Für den Guß
100 g Puderzucker   sieben und mit so viel
Eiweiß   verrühren, daß ein dickflüssiger Guß entsteht.
Den Karton damit bestreichen.
Schneemänner, Tannenbäume und Schlitten
darauf kleben.
Ebenso Steine und Kugeln als Zaun.

Zum Bestäuben
Zuletzt alles leicht mit
Puderzucker   bestäuben.

Weihnachtsmänner

(Abb. vorhergehende Seiten)

Für den Teig

500 g Weizenmehl
1 Päckchen Hefe
1 Päckchen Vanillin-Zucker
Salz
75 g zerlassene Butter
oder Margarine
in eine Schüssel sieben und mit sorgfältig vermischen.

250 ml (¹/₄ l) lauwarme Milch hinzufügen und alles mit einem elektrischen Handrührgerät mit Knethaken zuerst auf der niedrigsten und dann auf der höchsten Stufe in etwa 5 Minuten zu einem Teig verarbeiten.
Den Teig an einem warmen Ort so lange stehen lassen, bis er etwa doppelt so hoch ist.
Nochmals mit dem Handrührgerät auf der höchsten Stufe gut durchkneten.
Den Teig in 4 gleichgroße Stücke teilen, diese zu etwa 22 cm langen ovalen Stücken ausrollen.
Figuren daraus schneiden und je zwei auf ein gefettetes Backblech legen.
Die Teigstücke mit

Dosenmilch bestreichen und nach Belieben mit

Rosinen, Korinthen,
Zitronat,
kandierten Kirschen,
abgezogenen Mandeln garnieren (Teigreste mit verwenden).
Den Teig nochmals an einem warmen Ort so lange stehenlassen, bis er etwa doppelt so hoch ist.
Gas: 5 Minuten vorheizen 4–5, backen 4–5.
Strom: 200–225.
Backzeit pro Blech: 15–20 Minuten.
Nach Belieben das Gebäck sofort nach dem Bakken mit

heißem Zuckerwasser bestreichen.

Knusperhäuschen

(Abb. vorhergehende Seite)

Vorbereitung
Für das Knusper-Häuschen für die Bodenfläche Karton in der Größe von 20 x 32 cm schneiden. Entsprechend den Zeichnungen auf Seite 116 Muster aus Papier in der tatsächlichen Größe schneiden und danach auf Karton übertragen.

Für den Teig
(Wände, Dach und Bodenfläche)

100 g Honig
50 g Zucker
Salz
25 g Butter oder Margarine — langsam erwärmen, zerlassen, in eine Rührschüssel geben und kalt stellen.
Unter die fast erkaltete Masse

1 Ei
$^1/_2$ Teel. gemahlenen Zimt
2 Tropfen Backöl Bittermandel — geben.
250 g Weizenmehl
9 g (3 gestrichene Teel.)
Backpulver Backin — mischen, sieben und zu $^2/_3$ unter die Masse rühren.

Den Rest des Mehls mit dem Teigbrei zu einem festen Teig verkneten. Sollte er kleben, noch etwas Mehl hinzufügen.
Den Teig auf einem gefetteten Backblech (32 x 40 cm) ausrollen.
Gas: 5 Minuten vorheizen 3–4, backen 3–4.
Strom: 175–200.
Backzeit: 10–20 Minuten.
Sofort nach dem Backen aus der Honigkuchenplatte mit einem spitzen Messer zweimal die tatsächlich sichtbaren Flächen der einzelnen (4) Hauswände (Papiermuster I, dabei die zum Zusammenkleben angegebenen Teile nicht berücksichtigen), das Dach (Papiermuster II) in 2 Hälften und die Bodenfläche (20 x 32 cm) schneiden.

	Für den Guß
175 g Puderzucker	sieben und mit
1 Eiweiß	glattrühren, so daß eine dickflüssige Masse entsteht.

Nach Bedarf nochmals die gleiche Menge anrühren, da auch alle Süßigkeiten mit Eiweiß angeklebt werden.

Zum Garnieren

Für die Wände die Gebäckteile auf die bereits zusammengeklebten Kartonwände kleben, diese dann mit Eiweißguß auf der Bodenfläche befestigen und nach Belieben mit

bunten Zuckersachen garnieren.

Die zwei Honigkuchenplatten für das Dach auf den in der Mitte geknickten Karton kleben, danach mit

Schokoladenplätzchen garnieren.

Das Dach auf dem Haus ankleben.

4 farbig eingepackte Schokoladenriegel zusammenkleben und als Kamin auf dem Dach anbringen.

Den Rauch aus

Watte herstellen.

Die Kanten des Daches mit

Haselnußkernen bekleben und mit Eiszapfen aus Guß versehen.

Für den Zaun

Zuckerstäbchen in regelmäßigen Abständen ankleben, evtl. mit einer

Goldkordel verbinden.

Nach Belieben

Märchenfiguren hineinstellen.

Alles leicht mit

Kokosraspeln und

Puderzucker bestäuben.

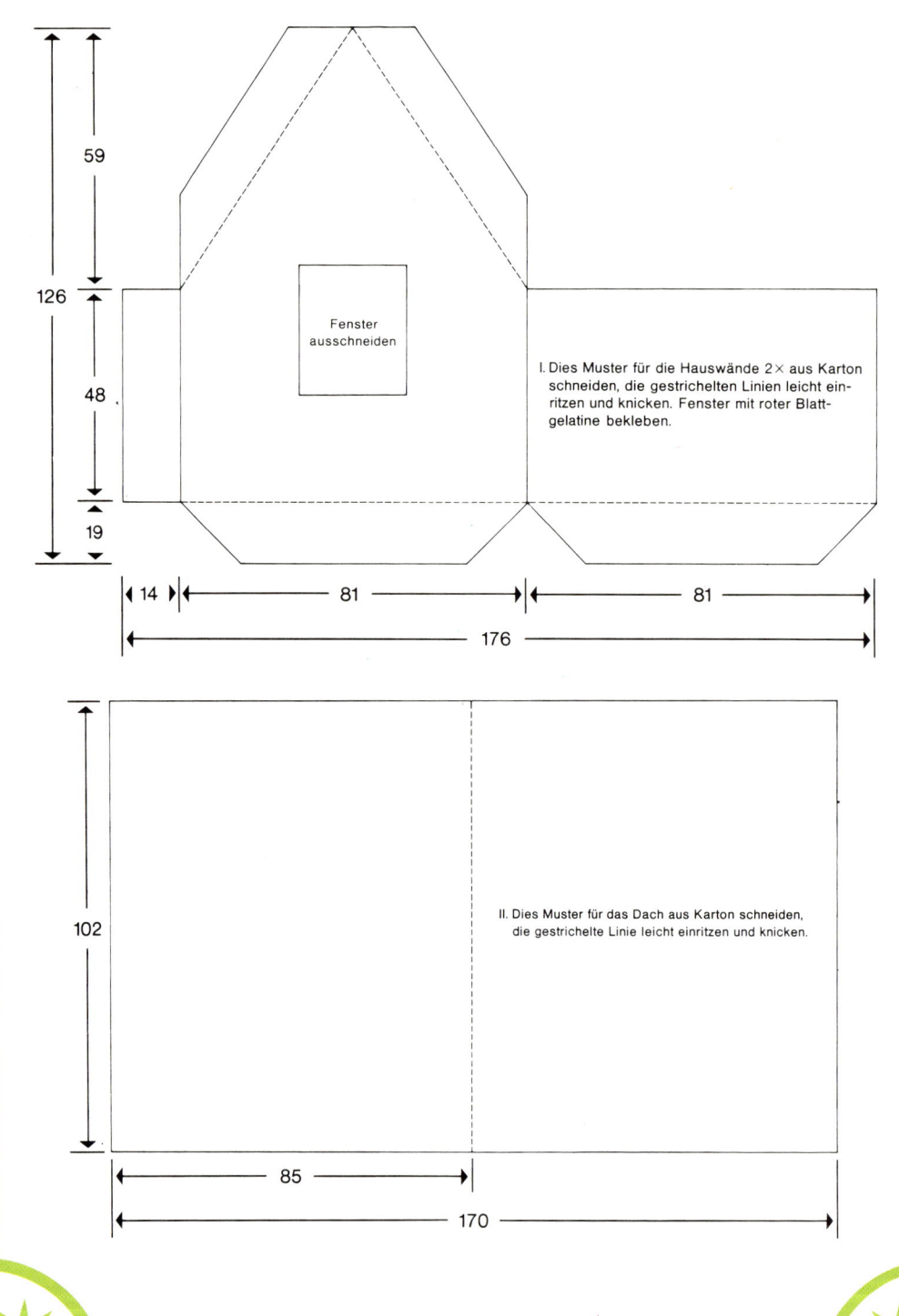

59

126

48

19

14

81

81

176

Fenster
ausschneiden

I. Dies Muster für die Hauswände 2× aus Karton
schneiden, die gestrichelten Linien leicht einritzen und knicken. Fenster mit roter Blatt-
gelatine bekleben.

102

85

170

II. Dies Muster für das Dach aus Karton schneiden,
die gestrichelte Linie leicht einritzen und knicken.

Bunte Weihnachtsengel

Vorbereitung
Einen Engel auf ein Stück Papier zeichnen und als Schablone ausschneiden.

Für den Teig

250 g Weizenmehl *3 g (1 gestrichener Teel.)* *Backpulver Backin*	mischen und auf die Tischplatte sieben. In die Mitte eine Vertiefung drücken.
75 g Zucker *1 Päckchen Vanillin-Zucker* *¹/₂ Fläschchen Rum-Aroma* *1 Messerspitze* *gemahlener Kardamom* *1 Messerspitze* *gemahlener Zimt* *1 Ei*	nach und nach hineingeben und mit einem Teil des Mehls zu einem dicken Brei verarbeiten.
75 g Butter oder Margarine	kalt in Stücke schneiden, daraufgeben, mit Mehl bedecken und von der Mitte aus alle Zutaten schnell zu einem glatten Teig verarbeiten. Sollte er kleben, ihn eine Zeitlang kalt stellen. Den Teig knapp ¹/₂ cm dick ausrollen, nach der Schablone Figuren ausschneiden und auf ein gefettetes Backblech legen. Gas: 5 Minuten vorheizen 3–4, backen 3–4. Strom: 175–200. Backzeit: Etwa 10 Minuten.

Für den Guß

Puderzucker *Eiweiß*	sieben und mit so viel verrühren, daß eine dickflüssige Masse entsteht. Engel nach Belieben damit verzieren, am besten mit Hilfe eines Pergamentpapiertütchens. Einen Teil des Gusses mit
Eigelb *aufgelöster grüner oder* *roter Götterspeise* *oder Instant-Kaffee*	färben.

Weihnachts-Eisenbahn

(Abb. nebenstehend)

Vorbereitung
Eine Lokomotive und einen Wagen auf Papier zeichnen und als Schablone ausschneiden.

Für den Teig

250 g Honig
50 g Zucker
1 Päckchen Vanillin-Zucker
100 g Margarine

langsam erwärmen, zerlassen, in eine Rührschüssel geben. Unter die fast erkaltete Masse nach und nach

1 Ei
2 gestrichene Teel. gemahlenen Zimt
je $^1/_2$ gestrichenen Teel. gemahlenen Kardamom
gemahlene Nelken
1 Fläschchen Rum-Aroma

rühren.

375 g Weizenmehl
9 g (3 gestrichene Teel.) Backpulver Backin
1 gestrichenen Eßl. Kakao
5 Eßl. Milch

mischen, sieben, eßlöffelweise mit unterrühren.
Den Teig auf ein gefettetes Backblech streichen.
Gas: 5 Minuten vorheizen 3–4, backen 3–4.
Strom: 175–200.
Backzeit: Etwa 20 Minuten.
Den Honigkuchen gut auskühlen lassen.
Auf die erkaltete Kuchenplatte das Papiermuster legen, die Teile ausschneiden, dabei darauf achten, daß zwei Teile gleich sein müssen, das eine darum beim Ausschneiden umgekehrt aufgelegt werden muß.

175 g Puderzucker
1 Eiweiß

sieben, mit glattrühren, jeweils 2 Teile mit Eiweißguß aneinanderkleben. Auf die gleiche Weise die Räder aus und weitere Verzierungen ankleben.

Schokoladengeld
Schokoladenriegel
Watte
Puderzucker

als Schornstein zusammenkleben. Rauch aus herstellen. Die Eisenbahn leicht mit bestäuben.

Tannenbäumchen

(Abb. vorhergehende Seite)

Für den Teig

100 g Honig
50 g Zucker
Salz
25 g Margarine
1 Eßl. Wasser

langsam erwärmen, zerlassen, in eine Rührschüssel geben, kalt stellen.
Unter die fast erkaltete Masse

1 Ei
$^1/_2$ Teel. gemahlenen Zimt
2 Tropfen Backöl Bittermandel
250 g Weizenmehl
25 g Kakao
9 g (3 gestrichene Teel.)
Backpulver Backin

rühren.

mischen, sieben, nach und nach eßlöffelweise $^2/_3$ davon unterrühren, den Rest des Mehls darunter kneten. Sollte der Teig kleben, noch etwas Mehl hinzufügen.
Den Teig auf einem gefetteten Backblech (32 x 40 cm) ausrollen.
Gas: 5 Minuten vorheizen 3–4, backen 3–4.
Strom: 175–200.
Backzeit: Etwa 10 Minuten.
Sofort nach dem Backen auf der Honigkuchenplatte mit einem spitzen Messer Sterne von verschiedener Größe (nach Papierschablonen) und pfenniggroße Stücke ausschneiden, diese mit Hilfe langer, runder

Holzstäbchen

abwechselnd so aufspießen, daß Tannenbäumchen entstehen.

Zum Verzieren

175 g Puderzucker
Eiweiß

sieben, mit so viel
glattrühren, daß eine dickflüssige Masse entsteht, die Tannenbäumchen damit verzieren.

Konfekt

. . . Mozartkugeln

Rosinen-Rumkugeln

Trüffelspitzen . . .

Mozartkugeln

200 g kalte Nougatmasse	in etwa 1¹/₂ x 1¹/₂ cm große Würfel schneiden, zu etwa haselnußgroßen Kugeln formen und kalt stellen.
200 g Marzipan-Rohmasse *2 Eßl. Kirschwasser* *10 g feingehackte Pistazien*	mit einem elektrischen Handrührgerät mit Rührbesen verrühren.
125 g Puderzucker	sieben und unterkneten.

Die Marzipanmasse zu einer etwa 2 cm dicken Rolle formen.

Diese in so viele Stücke schneiden, wie Nougatkugeln vorhanden sind.

Die Marzipanstücke auf der mit Puderzucker bestäubten Tischplatte flach auseinanderdrücken. Die Nougatkugeln darauf legen.

Die Marzipanmasse darüber zusammenschlagen, an den Rändern gut andrücken und zu Kugeln formen.

100 g Speisefett-Glasur nach der Vorschrift auflösen.

Die Mozartkugeln mit 2 Gabeln hineintauchen und auf ein enges Kuchengitter oder auf Pergamentpapier setzen.

Bei der Verwendung von Pergamentpapier die Mozartkugeln evtl. noch einmal umsetzen, damit sie keine „Füßchen" bekommen.

Die Mozartkugeln in Cellophan verpacken oder in verschlossenen Glas- oder Porzellangefäßen kühl aufbewahren.

Nußtrüffel

75 g weiche Butter	schaumig rühren.
75 g gesiebten Puderzucker	
1 Päckchen Vanillin-Zucker	unterrühren.
200 g zartbittere Schokolade	in kleine Stücke brechen, in einem kleinen Topf im Wasserbad oder auf der Automatikplatte glattrühren und unter die Butter-Zucker-Masse rühren.
	$2/3$ von
75 g gemahlenen, leicht gerösteten Haselnußkernen	hinzufügen. Die Masse eine Zeitlang kalt stellen. Aus der Schokoladen-Nuß-Masse kleine Kugeln formen und diese in den restlichen Nußkernen wälzen. Die Nußtrüffel in Cellophantüten verpacken oder in verschlossenen Glas- oder Porzellangefäßen kühl aufbewahren.

Rosinen-Rumkugeln

(Abb. nebenstehend)

100 g weiche Butter	schaumig rühren und nach und nach
100 g gesiebten Puderzucker	
1 Päckchen Vanillin-Zucker	
300 g geriebene Blockschokolade	
3 Eßl. Rum	unterrühren. Zum Schluß
125 g in Rum eingelegte Rosinen	hinzufügen. Die Masse eine Zeitlang kalt stellen. Kleine Kugeln formen und in
100–150 g Schokoladenstreusel	wälzen. Die Rosinen-Rumkugeln in Cellophantüten verpackt oder in verschlossenen Glas- oder Porzellangefäßen kühl aufbewahren.

Trüffelspitzen

(Abb. vorhergehende Seite)

Die angegebenen Mengen ergeben
etwa 80 Pralinen.

150 g zartbittere Schokolade
100 g Vollmilchschokolade — in kleine Stücke brechen.
Mit

200 ml ($^1/_5$ l) Sahne
100 g Kokosfett — unter Rühren erhitzen, bis eine glatte Masse entstanden ist.
Einmal kurz aufkochen lassen, in eine Schüssel geben.

200 g Nuß-Nougatmasse — in Stücke schneiden und hinzugeben.
So lange rühren, bis sich die Nougatmasse mit der Schokoladenmasse verbunden hat und kalt stellen. Während des Erkaltens ab und zu durchrühren.
Die erkaltete Masse mit einem elektrischen Handrührgerät mit Rührbesen durchrühren, bis sie etwas schaumig wird.
Die Trüffelmasse in kleinen Mengen (sie wird durch die Handwärme sehr schnell weich) in einen Spritzbeutel mit gezackter Tülle füllen und in Metallrosetten spritzen.

Zum Garnieren
einige Pistazienkerne — in kleine Stücke schneiden und die Trüffelspitzen damit garnieren.
Die Trüffelspitzen in Alufolie oder Cellophan verpackt kühl aufbewahren.

Gebäck
mit
Eiweiß und
Eigelb

. . . Datteltaler

Zitronenherzen

Mandelsterne

Busserl . . .

Datteltaler

Für den Teig

2 Eiweiß	steifschlagen, nach und nach
125 g Zucker	
1 Päckchen Vanillin-Zucker	
¹/₂ Fläschchen Rum-Aroma	
1 Messerspitze	
gemahlenen Zimt	darunterschlagen.
je 50 g abgezogene,	
gehackte Mandeln	
gemahlene Mandeln	
100 g entkernte,	
kleingeschnittene Datteln	auf den Eierschnee geben.
2 schwach gehäufte Eßl.	
Speisestärke, z. B. Gustin	darüber sieben, alles unter den Eierschnee heben (nicht rühren). Den Teig jeweils 1 cm dick auf
100 Oblaten (Ø etwa 4 cm)	verteilen und auf ein Backblech legen.

Gas: 1–2.
Strom: 125–150.
Backzeit: Etwa 20 Minuten.
Das Gebäck vollständig erkalten lassen.

Zum Verzieren

Kuvertüre oder Schokolade	glattrühren. Datteltaler zur Hälfte hineintauchen.

Dattelmakronen

3 Eiweiß	steif schlagen, nach und nach
200 g Zucker	
1 Päckchen Vanillin-Zucker	
1 Fläschchen Rum-Aroma	darunterschlagen.
125 g entkernte,	
kleingeschnittene Datteln	
150 g abgezogene,	
gehackte Mandeln	auf den Eierschnee geben.
30 g Speisestärke,	
z. B. Gustin	darüber sieben, vorsichtig unterheben, Teighäufchen auf ein gefettetes Backblech setzen.

Gas: 1–2.
Strom: 100–110.
Backzeit: 50–75 Minuten.

Zimtsterne

(Abb. nebenstehend)

3 Eiweiß	steif schlagen.
250 g Puderzucker	sieben, eßlöffelweise unterschlagen.
	2 gut gehäufte Eßl. Eierschnee abnehmen. Unter den übrigen Eierschnee
1 Päckchen Vanillin-Zucker	
3 Tropfen Backöl Bittermandel	
1 gestr. Teel. gemahlenen Zimt	und die Hälfte von
300 g gemahlenen Mandeln	unterrühren bis der Teig kaum noch klebt. Auf einer mit
gemahlenen Mandeln	
oder gesiebtem Puderzucker	bestreuten Tischplatte etwa $1/2$ cm dick ausrollen. Sterne ausstechen, auf ein mit Papier belegtes Backblech legen, mit dem zurückgelassenen Eierschnee bestreichen. Der Guß muß so sein, daß er sich glatt auf das Gebäck streichen läßt. Gas: 1–2. Strom: 130–150. Backzeit: 20–30 Minuten. Das Gebäck muß sich beim Herausnehmen noch etwas weich anfühlen.

Kokosmakronen mit Quark

	Für den Teig
4 Eiweiß	steif schlagen und nach und nach
150 g Zucker	
1 Päckchen Vanillin-Zucker	darunterschlagen.
65 g Speisequark	
4 Tropfen Backöl Bittermandel	vorsichtig unterrühren.
200 g Kokosraspeln	zuletzt unterheben. Teighäufchen auf ein gefettetes Backblech setzen. Gas: 5 Minuten vorheizen 3–4, backen 3–4. Strom: 200–225. Backzeit: 10–15 Minuten.
100 g dunkle Kuchenglasur	*Für den Guß* nach der Vorschrift auf dem Päckchen auflösen und die erkalteten Makronen jeweils zur Hälfte damit bestreichen.

Zitronenherzen

(Abb. vorhergehende Seite)

Für den Teig

3 Eigelb
120 g Zucker
1 Päckchen Vanillin-Zucker   so lange schlagen, bis eine cremeartige Masse entstanden ist.

3 Tropfen Backöl Zitrone
1 Messerspitze
Backpulver Backin   und so viel von
200–250 g abgezogenen,
gemahlenen Mandeln
oder Haselnußkernen   unterrühren, daß ein fester Brei entsteht.
Von dem Rest der Mandeln so viel unterkneten, daß der Teig kaum noch klebt. Ihn auf einer mit

abgezogenen,
gemahlenen Mandeln
oder gesiebtem Puderzucker   bestreuten Tischplatte etwa 1/2 cm dick ausrollen, Herzen ausstechen, auf ein mit Papier belegtes Backblech legen.
Gas: 5 Minuten vorheizen 3–4, backen 3–4.
Strom: 175–200.
Backzeit: Etwa 10 Minuten.

Für den Guß

100 g Puderzucker   sieben, mit
1–1 1/2 Eßl. Zitronensaft   glattrühren, so daß eine dickflüssige Masse entsteht.
Die Plätzchen sofort nach dem Backen damit bestreichen.

Haselnußmakronen

4 Eiweiß	steif schlagen, nach und nach
200 g feinkörnigen Zucker	
1 Messerspitze gemahlenen Zimt	
4 Tropfen Backöl Bittermandel	unterschlagen.
200 g gehackte Haselnußkerne	
150 g gemahlene Haselnußkerne	vorsichtig unter den Eierschnee heben (nicht rühren).

Teighäufchen auf ein gefettetes Backblech setzen.
Gas: 1–2.
Strom: 130–150.
Backzeit: 20–25 Minuten.

Wundernüßchen

2 Eiweiß	steif schlagen.
75 g Zucker	
1 Päckchen Vanillin-Zucker	eßlöffelweise unterschlagen.
2 Tropfen Backöl Bittermandel	hinzugeben.
175 g gemahlene Haselnußkerne	vorsichtig unter den Eierschnee heben (nicht rühren).

Den Teig mit in Wasser getauchten Händen zu knapp walnußgroßen Kugeln formen, auf ein mit Papier belegtes Backblech legen, mit einem in Wasser getauchten Backöl-Fläschchen in jede Kugel eine Vertiefung drücken.
Gas: 5 Minuten vorheizen 2–3, backen 2–3.
Strom: 175–200.
Backzeit: Etwa 15 Minuten.
Die Plätzchen nach dem Erkalten sofort in einer gut schließenden Dose aufbewahren, vor dem Verzehr mit

Marmelade und Gelee	füllen.

Schneehäubchen

(Abb. nebenstehend)

3 Eiweiß	steif schlagen.
250 g Puderzucker	sieben, eßlöffelweise unterschlagen. Zum Bestreichen der Häubchen 4 Eßl. Eierschnee abnehmen.
125 g gemahlene Mandeln, 125 g gemahlene leicht geröstete Haselnußkerne	unter den übrigen Eierschnee heben. Die Masse bergartig auf
etwa 50 Oblaten (Durchmesser etwa 4 cm)	streichen, sorgfältig mit dem zurückgelassenen Eierschnee bestreichen, auf ein Backblech legen. Gas: 1–2. Strom: 125–150. Backzeit: Etwa 20 Minuten.

Eierkränzchen

	Für den Teig
250 g Butter oder Margarine 125 g Zucker 2 Päckchen Vanillin-Zucker 1 Ei 3 Eigelb	schaumig rühren und nach und nach hinzugeben.
250 g Weizenmehl 150 g Speisestärke, z. B. Gustin	mischen, sieben und eßlöffelweise unterrühren. Den Teig in einen Spritzbeutel mit gezackter Tülle füllen und in Form von Kränzchen (Durchmesser etwa 4 cm) auf ein gefettetes Backblech spritzen.
	Zum Garnieren
Etwa 200 g Belegkirschen	in Achtel und Streifen schneiden und die Teigkränzchen damit belegen. Gas: 5 Minuten vorheizen 3–4, backen 3–4. Strom: 175–200. Backzeit: Etwa 12 Minuten.

Schneehäubchen, Rezept siehe oben
Rote Nestchen, Rezept Seite 86

Busserl

(Abb. nebenstehend)

2 Eiweiß	steif schlagen und nach und nach
100 g Zucker	darunterschlagen.
1 gestrichenen Eßl. Kakao	sieben.
50 g zartbittere Schokolade	feinschneiden. Beides vorsichtig unter die Eiweiß-Zucker-Masse heben.

Walnußgroße Häufchen auf ein gefettetes Blech setzen.
Gas: 1–2.
Strom: 130–150.
Backzeit: 25–30 Minuten.

Kirsch-Rosetten

Für den Teig

300 g Weizenmehl	auf die Tischplatte sieben. In die Mitte eine Vertiefung drücken.
100 g gesiebten Puderzucker 2 Päckchen Vanillin-Zucker 2 Eigelb Salz abgeriebene Schale von 1 ungespritzten Zitrone	hineingeben und mit einem Teil des Mehls zu einem dicken Brei verarbeiten.
200 g Butter oder Margarine	kalt in Stücke schneiden, daraufgeben, mit Mehl bedecken und von der Mitte aus alle Zutaten schnell zu einem glatten Teig verarbeiten. Sollte er kleben, ihn eine Zeitlang kalt stellen.

Den Teig etwa 3 mm dick ausrollen, mit einer rosettenartigen Form Plätzchen ausstechen, auf ein Backblech legen, mit

Dosenmilch Belegkirsche	bestreichen und in die Mitte jeweils eine halbe setzen.

Gas: 5 Minuten vorheizen 3–4, backen 3–4.
Strom: 175–200.
Backzeit: Etwa 10 Minuten.

Baseler Herzen

(Abb. Seiten 140/141)

Für den Teig

2 Eiweiß	
250 g Zucker	
1 Päckchen Vanillin-Zucker	
Salz	schaumig schlagen.
1EßI. zerlassene Butter oder Kokosfett	
2 gehäufte Teel. Kakao	
2 gestrichene Teel. Zimt	
$^1/_2$ Teel. gemahlene Nelken	
$^1/_2$ Fläschchen Rum-Aroma	hinzugeben.
250 g gemahlene oder feingehackte, ungeschälte Mandeln	
$1^1/_2$ g ($^1/_2$ gestrichener Teel.) Backpulver Backin	mischen und unter die Eiweißmasse rühren, so daß ein fester Teig entsteht.

Den Teig etwa 1 cm dick auf einem leicht bemehlten Brett ausrollen und Herzen ausstechen.
Auf ein gefettetes Backblech legen.
Gas: 5 Minuten vorheizen 3, backen etwa 3.
Strom: Etwa 180.
Backzeit: Etwa 15 Minuten.

Für den Guß

125 g Puderzucker	
$1^1/_2$ EßI. heißes Wasser	verrühren.

Die noch heißen Herzen damit bestreichen.

Mandelhörnchen

Für den Teig

2 Eiweiß	
200 g Marzipan-Rohmasse	mit einem elektrischen Handrührgerät mit Rührbesen zu einer geschmeidigen Masse verrühren. Nach und nach
100 g Zucker	
1 Päckchen Vanillin-Zucker	
50 g Weizenmehl	hinzugeben.

Den Teig in einen Spritzbeutel mit glatter Tülle füllen und Hörnchen auf ein gefettetes, bemehltes Backblech spritzen und mit

50 g abgezogenen,
gehobelten Mandeln bestreuen.
Gas: 5 Minuten vorheizen 3–4, backen 3–4.
Strom: 175–200.
Backzeit: 10–15 Minuten.

Zum Bestreichen

etwa 100 g dunkle
Kuchenglasur nach der Vorschrift auf dem Päckchen auflösen.

Mandelsterne

Für den Teig
250 g Weizenmehl auf die Tischplatte sieben.
In die Mitte eine Vertiefung drücken.

150 g Zucker
2 Päckchen Vanillin-Zucker
Salz
1 Messerspitze
gemahlenen Zimt
2 Eigelb hineingeben und mit einem Teil des Mehls zu einem dicken Brei verarbeiten.
200 g Butter oder Margarine kalt in Stücke schneiden, daraufgeben, mit Mehl bedecken und von der Mitte her alle Zutaten schnell zu einem dicken Brei verkneten. Sollte der Teig kleben, ihn eine Zeitlang kalt stellen.
Den Teig etwa 3 mm dick ausrollen, kleine Sterne ausstechen, auf ein Backblech legen.

Zum Garnieren

1 Eigelb
1 Eßl. Milch verquirlen, die Teigplätzchen damit bestreichen,
75 g abgezogene,
halbierte Mandeln jedes Plätzchen mit einer Mandelhälfte belegen.
Gas: 5 Minuten vorheizen 3–4, backen 3–4.
Strom: 175–200.
Backzeit: Etwa 10 Minuten.

Zimt-Baiser-Plätzchen

Für den Teig

125 g Weizenmehl auf die Tischplatte sieben.
In die Mitte eine Vertiefung drücken.

2 Eigelb
50 g Zucker
1 Päckchen Vanillin-Zucker hineingeben, mit einem Teil des Mehls zu einem dicken Brei verarbeiten.

65 g Butter oder Margarine kalt in Stücke schneiden, auf den Brei geben, mit Mehl bedecken, von der Mitte aus alle Zutaten schnell zu einem glatten Teig verkneten. Sollte er kleben, ihn eine Zeitlang kalt stellen.
Den Teig etwa 2 mm dick ausrollen, mit einer runden Form (Durchmesser 3–4 cm) ausstechen, auf ein gefettetes Backblech legen.

Für die Baisermasse

2 Eiweiß mit

100 g Zucker
1 Teel. gemahlenem Zimt verrühren, im Wasserbad so lange schlagen, bis der Eischnee schnittfest ist.

100 g abgezogene,
gemahlene Mandeln unterheben.
Auf jedes Plätzchen etwas (etwa $3/4$ Teel.) von der Baisermasse streichen.

Zum Garnieren

kandierte Kirschen halbieren.
Die Plätzchen jeweils mit einer halben Kirsche garnieren.
Gas: 5 Minuten vorheizen 3–4, backen 3–4.
Strom: 175–200.
Backzeit: Etwa 10 Minuten.

Klassische Kuchen

... Glasierter Apfelkuchen

Mohnrolle

Omas Nußkuchen

Festtagskranz

Biskuitrolle ...

Krümelkuchen mit Apfelfüllung

Für den Teig

250 g Butter oder
Margarine   schaumig rühren und nach und nach

200 g Zucker
1 Päckchen Vanillin-Zucker
1 Ei
Salz   hinzugeben.

500 g Weizenmehl
1 Päckchen Backpulver Backin   mischen, sieben und zur Hälfte eßlöffelweise unterrühren.

Den Rest des Mehls auf den Teig schütten und so mit den Händen oder zwei Gabeln verarbeiten, daß eine krümelige Masse entsteht.

Für die Füllung

$1^1/_2$–2 kg Äpfel   schälen, vierteln, entkernen, in Stücke schneiden und mit

1 Eßl. Wasser
100 g Zucker
gemahlenem Zimt
75 g gewaschenen,
abgetropften Rosinen   unter Rühren leicht dünsten.

Die Füllung erkalten lassen und mit

Zucker   abschmecken.

Die Hälfte des Teiges auf ein gefettetes Backblech geben, den Teig am Boden gut andrücken und an den Rändern etwa $1/_2$ cm hochdrücken. Den Teig mit der Apfelfüllung bestreichen und mit den restlichen Krümeln bestreuen.

Gas: 5 Minuten vorheizen 3–4, backen 3–4.
Strom: 175–200.
Backzeit: 25–45 Minuten.

Mohnrolle

375 g Weizenmehl
1 Päckchen Hefe
/5 g Zucker
1 Päckchen Vanillin-Zucker
Salz
75 g zerlassene Butter
oder Margarine
1 Ei
200 ml (¹/₅ l) lauwarme Milch

Für den Teig

in eine Schüssel sieben und mit sorgfältig vermischen.

hinzufügen und alles mit einem elektrischen Handrührgerät mit Knethaken zuerst auf der niedrigsten und dann auf der höchsten Stufe in etwa 5 Minuten zu einem Teig verarbeiten.
Den Teig an einem warmen Ort so lange stehenlassen, bis er etwa doppelt so hoch ist, ihn dann mit dem Handrührgerät auf der höchsten Stufe nochmals gut durchkneten.

Für die Füllung

250 g gemahlenen Mohn
150 g zerlassene Butter
oder Margarine
150 g Zucker
2 Eier
25 g abgezogene,
gemahlene Mandeln
100 g feingewürfeltes
Zitronat (Sukkade)
75 g gewaschene,
gut abgetropfte Rosinen
2 Tropfen Backöl Bittermandel

zu einer geschmeidigen Masse verrühren.
Den Teig zu einem Rechteck von 35 x 40 cm ausrollen und die Füllung gleichmäßig so darauf streichen, daß an den Seiten je 2 cm Teig frei bleibt. Die Ränder an den beiden kürzeren Seiten etwas einschlagen und den Teig von der längeren Seite her aufrollen.

Die Rolle auf ein gefettetes Backblech legen, nochmals an einem warmen Ort so lange stehenlassen, bis sie sich sowohl in der Breite wie in der Höhe etwa um die Hälfte vergrößert hat. Erst dann die Rolle der Länge nach etwa $1/2$ cm tief einschneiden, mit

Dosenmilch bestreichen und in den Backofen schieben.
Gas: 2–3.
Strom: 150–175.
Backzeit: Etwa 40 Minuten.

Für den Guß

75 g Puderzucker sieben und mit
$1^{1}/_{2}$–2 Eßl. Zitronensaft zu einer dickflüssigen Masse verrühren.
Das noch heiße Gebäck damit bestreichen und mit

gehobelten Mandeln bestreuen.

Napfkuchen

Für den Teig

350 g Butter oder Margarine glattrühren und nach und nach
300 g Zucker
1 Päckchen Vanillin-Zucker
4 Eier hinzugeben.
350 g Weizenmehl
50 g Speisestärke,
z. B. Gustin
6 g (2 gestrichene Teel.)
Backpulver Backin mischen, sieben und eßlöffelweise unterrühren.
Den Teig in die gefettete Napfkuchenform füllen.
Gas: 2–3.
Strom: 175–200.
Backzeit: Etwa 1 Stunde.

Für den Guß

100 g zartbittere Schokolade in kleine Stücke brechen und mit
25 g Kokosfett in einem kleinen Topf im Wasserbad oder auf der Automatikplatte zu einer geschmeidigen Masse verrühren.
Den erkalteten Kuchen damit überziehen.

Aprikosen-Nußkuchen

(Abb. nebenstehend)

Für den Teig

250 g Butter oder Margarine schaumig rühren, nach und nach
200 g Zucker
1 Päckchen Vanillin-Zucker
4 Eier
3 Tropfen Backöl Bittermandel hinzugeben.
300 g Weizenmehl
6 g (2 gestrichene Teel.)
Backpulver Backin mischen, sieben, eßlöffelweise unterrühren.
2–3 Eßl. Weinbrand
100 g gemahlene
Haselnußkerne hinzufügen.
Die Hälfte des Teiges in die gefettete Backform füllen.
In die Mitte des Teiges der Länge nach mit einem Eßlöffel eine Vertiefung eindrücken.

Für die Füllung

etwa 450 g Aprikosen
(aus der Dose) gut abtropfen lassen, in Würfel schneiden, in die Vertiefung geben, leicht andrücken, den restlichen Teig darüber verteilen.
Gas: 3–4.
Strom: 175–200.
Backzeit: Etwa 65 Minuten.
Den Kuchen nach dem Erkalten mit
Puderzucker bestäuben.

Apfelsinen-Nußkuchen, Rezept siehe oben
Mandelstäbchen, Rezept Seite 55

Omas Nußkuchen

Für den Teig

275 g Butter oder Margarine
175 g Zucker
1 Päckchen Vanillin-Zucker

schaumig rühren und nach und nach

4 Eier

hinzugeben.

200 g Weizenmehl
3 g (1 gestrichener Teel.)
Backpulver Backin

mischen, sieben und eßlöffelweise unterrühren.

150 g gemahlene,
geröstete Haselnußkerne
100 g feingehackte
Haselnußkerne

unter den Teig heben.
Den Teig in eine gefettete, mit Pergamentpapier ausgelegte Kastenform füllen.
Gas: 2–3.
Strom: 175–200.
Backzeit: 60–75 Minuten.
In den heißen Kuchen mehrmals mit einem Holzstäbchen stechen und ihn von allen Seiten mit

5 Eßl. Rum

bepinseln.

4 Eßl. Aprikosen-Marmelade

durch ein Sieb streichen und mit

3 Eßl. Wasser

aufkochen.
Den Kuchen damit bestreichen und ihn gut auskühlen lassen.

Für den Guß

100 g Schokolade

in kleine Stücke brechen und mit

etwas Kokosfett

in einem kleinen Topf im Wasserbad oder auf der Automatikplatte zu einer geschmeidigen Masse verrühren.
Den Kuchen mit dem Guß überziehen.

Mandelbrot

Für den Teig

125 g Speisequark
2 Eßl. Milch
1 Ei
5 Eßl. Speiseöl
60 g Zucker
1 Päckchen Vanillin-Zucker
Salz   verrühren.

300 g Weizenmehl
1 Päckchen Backpulver Backin   mischen, sieben und gut die Hälfte unterrühren. Den Rest des Mehls unterkneten.

Für die Füllung

175 g abgezogene Mandeln   durch die Mandelmühle geben, mit
100 g Puderzucker   vermengen und noch zweimal durch die Mandelmühle geben.

etwa 1 Teel. Rosenwasser
etwa 2 Tropfen Backöl
Bittermandel   unterrühren.

Die Masse mit den Händen so verarbeiten, daß sie krümelt. Sollten die Krümel kleben, sie eine Zeitlang kalt stellen.

Den Teig zu einem Rechteck von etwa 30 x 50 cm ausrollen (die kurze Rechteckseite muß der Länge der Kastenform entsprechen), dünn mit

Dosenmilch   bestreichen, mit der Mandelmasse und
50 g gehackten
Haselnußkernen   bestreuen und alles etwas andrücken. Den Teig von der kürzeren Seite her aufrollen, in die gefettete Kastenform geben und die Rolle obenauf in einer Zickzacklinie etwa $1/2$ cm tief einschneiden.

Gas: 3–4.
Strom: 175–200.
Backzeit: Etwa 45 Minuten.

Glasierter Apfelkuchen

(Abb. vorhergehende Seiten)

Für den Teig

250 g Butter oder Margarine   schaumig rühren und nach und nach
200 g Zucker
1 Päckchen Vanillin-Zucker
5 Eier   hinzugeben.
250 g Weizenmehl
6 g (2 gestrichene Teel.)
Backpulver Backin   mischen, sieben und eßlöffelweise unterrühren.

Für die Füllung

1 kg Äpfel   schälen, vierteln, entkernen und achteln. Die Hälfte des Teiges in eine gefettete Springform (Durchmesser etwa 26 cm) füllen und glattstreichen. Die Äpfel in 2 Lagen darauf legen, den übrigen Teig darauf verteilen und glattstreichen.
Gas: 3–4.
Strom: 175–200.
Backzeit: Etwa 60 Minuten.

1 gehäuften Eßl.
Aprikosen-Konfitüre   durch ein Sieb streichen und mit
knapp 1 Eßl. Wasser   aufkochen.
Den Kuchen sofort nach dem Backen damit bestreichen und erkalten lassen.

Für die Glasur

75 g Puderzucker   sieben und mit
2 Eßl. Rum oder Zitronensaft
$^1/_2$ Eßl. heißem Wasser   zu einer dünnflüssigen Masse glattrühren.
Das Gebäck damit überziehen.

Makronenkuchen

Für den Teig

200 g Butter oder Margarine — schaumig rühren und nach und nach
175 g Zucker
1 Päckchen Vanillin-Zucker
2 Eier
2 Eigelb
Salz — hinzugeben.

200 g Weizenmehl
50 g Speisestärke,
z. B. Gustin
3 g (1 gestrichener Teel.)
Backpulver Backin — mischen, sieben und eßlöffelweise unterrühren. Den Teig in eine mit Pergamentpapier ausgelegte Kastenform füllen.
In die Mitte des Teiges der Länge nach mit einem Löffel eine Vertiefung, etwa 4 cm tief und 4 cm breit, eindrücken.

Für die Makronenmasse

2 Eiweiß — zu steifem Schnee schlagen. Er muß so fest sein, daß ein Messerschnitt sichtbar bleibt.
Nach und nach

100 g Zucker
3 Tropfen Backöl Bittermandel — unter den Eierschnee heben.
175 g gemahlene Mandeln — vorsichtig unter den Eierschnee heben und die Masse in die Teigvertiefung füllen.
Gas: $1^1/_2$–3.
Strom: 150–185.
Backzeit: 60–80 Minuten.

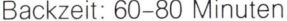

Königskuchen

(Abb. nebenstehend)

250 g Butter oder Margarine	schaumig rühren und nach und nach
200 g Zucker	
1 Päckchen Vanillin-Zucker	
5 Eier	
$^1/_2$ Fläschchen Backöl Zitrone	
Salz	hinzugeben.
500 g Weizenmehl	
12 g (4 gestrichene Teel.) Backpulver Backin	
knapp 125 ml ($^1/_8$ l) Milch	unterrühren.
250 g Rosinen	
150 g Korinthen	
125 g Zitronat (Sukkade)	unter den Teig heben, ihn in eine gefettete, mit Papier ausgelegte Kastenform füllen.

Gas: $2^1/_4$–$3^1/_4$.
Strom: 175–185.
Backzeit: 80–100 Minuten.

Sandkuchen

125 g Butter	zerlassen, bräunen, kalt stellen. In das erkaltete, wieder etwas fest gewordene Fett
100 g feinkörnigen Zucker	
1 Päckchen Vanillin-Zucker	geben, so lange rühren, bis Butter und Zucker weißschaumig geworden sind, dann nach und nach unter Rühren
2 Eier	
Salz	hinzufügen.
100 g Weizenmehl	
25 g Speisestärke, z. B. Gustin	
$1^1/_2$ g ($^1/_2$ gestrichener Teel.) Backpulver Backin	mischen, sieben, eßlöffelweise unterrühren.

Den Teig in eine gefettete, mit Papier ausgelegte Klein-Kastenform füllen.
Gas: 2–3.
Strom: 175–200.
Backzeit: Etwa 55 Minuten.

Festtagskranz

(Abb. nebenstehend)

250 g Butter oder Margarine — schaumig rühren, nach und nach

300 g Zucker
6 Eier, Salz
3 Tropfen Backöl Bittermandel
4 Tropfen Backöl Zitrone — hinzugeben.
300 g Weizenmehl
100 g Speisestärke,
z. B. Gustin
9 g (3 gestrichene Teel.)
Backpulver Backin — mischen, sieben, eßlöffelweise unterrühren.
200 g gemahlene Mandeln — zuletzt unter den Teig heben, ihn in eine gefettete Zopf-Kranzform füllen.
Gas: 2–3.
Strom: 175–200.
Backzeit: 50–60 Minuten.
Gesiebten Puderzucker — mit so viel
Eiweiß — verrühren, bis ein spritzfähiger Guß entstanden ist. Den erkalteten Kuchen damit verzieren, mit
Liebesperlen — garnieren.

Mandelsplitterkuchen

200 g Butter oder Margarine — schaumig rühren, nach und nach

200 g Zucker
1 Päckchen Vanillin-Zucker
Salz
abgeriebene Schale und Saft
von $^1/_2$ ungespritzten Zitrone
1–2 Eßl. Rum, 4 Eier — hinzugeben.
200 g Weizenmehl
4 g ($1^1/_2$ gestrichene Teel.)
Backpulver Backin — mischen, sieben, eßlöffelweise unterrühren.
Den Teig in eine gut gefettete, mit einem Teil von
80 g Mandelsplittern — ausgestreute Kastenform füllen, mit den restlichen Mandelsplittern bestreuen.
Gas: 3–4.
Strom: 175–200.
Backzeit: Etwa 50 Minuten.

Bienenstich

Für den Teig

300 g Weizenmehl
¹/₂ Päckchen Dr. Oetker Hefe
40 g Zucker
1 Päckchen Vanillin-Zucker
Salz
40 g zerlassene Butter
125 ml (¹/₈ l) lauwarme Milch

in eine Schüssel sieben, mit sorgfältig vermischen.

hinzufügen, alles mit einem elektrischen Handrührgerät mit Knethaken zuerst auf der niedrigsten, dann auf der höchsten Stufe in etwa 5 Minuten zu einem Teig verarbeiten.
Den Teig an einem warmen Ort so lange stehenlassen, bis er etwa doppelt so hoch ist, ihn dann
mit dem Handrührgerät auf der höchsten Stufe
nochmals gut durchkneten, auf dem gefetteten
Boden einer Springform (Durchmesser etwa 26
cm) ausrollen.

Für den Belag

75 g Butter
100 g Zucker
1 Päckchen Vanillin-Zucker
100 g abgezogene,
gehobelte Mandeln
1 Eßl. Milch

zerlassen, einmal aufkochen lassen.

unterrühren, etwas abkühlen lassen, gleichmäßig
auf dem Teig verteilen, den Teig nochmals so
lange an einem warmen Ort stehenlassen, bis er
etwa doppelt so hoch ist, ihn erst dann in den
Backofen schieben.
Gas: 5 Minuten vorheizen 4–5, backen 4–5.
Strom: 200–225.
Backzeit: Etwa 20 Minuten.

Für die Füllung

250 ml (¹/₄ l) Milch
von Zimmertemperatur
¹/₂ Päckchen (72 g)
Torten-Creme-Pulver
Vanille-Geschmack

in eine Rührschüssel gießen.

auf einmal in die Milch geben, mit einem Schneebesen etwa 1 Minute schnell durchschlagen, bis
eine gleichmäßige Creme entstanden ist.

| 125 g Butter | gut schaumig rühren, die Creme nach und nach unter ständigem Rühren dazugeben. |
| 1 Päckchen Vanillin-Zucker | unterrühren. |

Das gut ausgekühlte Gebäck einmal durchschneiden, den unteren Boden mit der Creme bestreichen, den oberen Boden darauf legen.

Marzipankuchen

Für den Teig

250 g Marzipan-Rohmasse	geschmeidig rühren (am besten mit einem elektrischen Handrührgerät).
200 g Butter oder Margarine	hinzufügen, schaumig rühren und nach und nach
100 g Zucker	
1 Päckchen Vanillin-Zucker	
2 Tropfen Backöl Bittermandel	hinzugeben.
250 g Weizenmehl	
100 g Speisestärke, z. B. Gustin	
3 g (1 gestrichener Teel.) Backpulver Backin	mischen, sieben und eßlöffelweise unterrühren.

Den Teig in eine gefettete, mit Pergamentpapier ausgelegte Kastenform füllen.
Gas: 1$\frac{1}{2}$–3.
Strom: 150–175.
Backzeit: Etwa 65 Minuten.

Für den Guß

| 100 g zartbittere Schokolade | in kleine Stücke brechen und mit |
| etwas Kokosfett | in einem kleinen Topf im Wasserbad oder auf der Automatikplatte glattrühren, so daß eine gut streichfähige Masse entsteht. |

Den erkalteten Kuchen mit dem Guß überziehen.

Schokoladenkranz

(Abb. nebenstehend)

Für den Teig

1 Packung Tortenmischung
„Torte Sacher Art" und
100 g Margarine
3 Eier
125 ml (¹/₈ l) Wasser nach der Vorschrift auf der Packung zubereiten und in eine gefettete Kranzform (Durchmesser etwa 24 cm) füllen.
Gas: 3–4.
Strom: 175–200.
Backzeit: Etwa 45 Minuten.
Den erkalteten Kranz zweimal durchschneiden.

Für die Schokoladen-Buttercreme

250 ml (¹/₄ l) Milch
¹/₂ Päckchen (72 g) Torten-
Creme-Pulver Schokolade
125 g Butter oder Margarine nach der Vorschrift auf der Packung zubereiten.
¹/₃ der Buttercreme zurückstellen.
Den unteren Boden des Schokoladenkranzes mit
Aprikosenmarmelade bestreichen und die Hälfte der restlichen ²/₃ Schokoladen-Buttercreme gleichmäßig darauf verteilen.
Den zweiten Boden darauf legen, mit
Aprikosenmarmelade und der restlichen Buttercreme bestreichen und mit dem dritten Boden bedecken.
Den Kranz mit der zurückgelassenen Buttercreme bestreichen.

Für den Guß
Speisefettglasur nach der Vorschrift auf der Packung auflösen.
Den Kranz damit besprenkeln.

Apfelsinenkuchen

(Abb. nebenstehend)

Für den Teig

375 g Butter oder Margarine — schaumig rühren und nach und nach
300 g Zucker
2 Päckchen Vanillin-Zucker
6 Eier
abgeriebene Schale von
1 ungespritzten Apfelsine
6 Eßl. Apfelsinensaft — hinzugeben.
250 g Weizenmehl
125 g Speisestärke,
z. B. Gustin
6 g (2 gestrichene Teel.)
Backpulver Backin — mischen, sieben und eßlöffelweise unterrühren.
75 g abgezogene,
gemahlene Mandeln — unter den Teig heben.

Den Teig in eine gefettete Napfkuchenform füllen.
Gas: 2–3.
Strom: 150–175.
Backzeit: 75–85 Minuten.

Für den Guß

200 g Puderzucker — sieben und mit
1 Eßl. Zitronensaft — und
2–3 Eßl. Apfelsinensaft — glattrühren, so daß eine dickflüssige Masse entsteht.

Den erkalteten Kuchen damit bestreichen und mit

abgezogenen,
halbierten Mandeln — garnieren.

Haselnußkranz

Für den Teig

300 g Weizenmehl
6 g Backpulver Backin
100 g Zucker
1 Päckchen Vanillin-Zucker

mischen, auf eine Tischplatte sieben

1 Ei
2 EßI. Milch oder Wasser

in eine Vertiefung geben, mit einem Teil des Mehls zu einem dicken Brei verarbeiten.

125 g Margarine

kalt in Stücke schneiden, auf den Brei geben, mit Mehl bedecken, von der Mitte aus alle Zutaten schnell zu einem glatten Teig verkneten. Sollte er kleben, ihn eine Zeitlang kalt stellen.

Für die Füllung

200 g gemahlene
Haselnußkerne
100 g Zucker
4 Tropfen Backöl Bittermandel
¹/₂ Eigelb
1 Eiweiß
3–4 EßI. Wasser

verrühren.
Den Teig zu einem Rechteck von etwa 35 x 45 cm ausrollen. Die Nußmasse darauf streichen, den Teig von der längeren Seite her aufrollen, als Kranz auf ein gefettetes Backblech legen.

¹/₂ Eigelb
1 EßI. Milch

verschlagen, den Kranz damit bestreichen und sternförmig einschneiden.
Gas: 3–4.
Strom: 175–200.
Backzeit: Etwa 45 Minuten.

Zitronenkuchen

Für den Teig

250 g Butter oder Margarine

schaumig rühren und nach und nach

200 g Zucker
1 Päckchen Vanillin-Zucker
4 Eier
abgeriebene Schale von
1 ungespritzten Zitrone

hinzugeben.

150 g Weizenmehl	
100 g Speisestärke,	
3 g (1 gestrichener Teel.)	
Backpulver Backin	mischen, sieben und eßlöffelweise unterrühren.
50 g abgezogene,	
gemahlene Mandeln	unter den Teig heben.

Den Teig in eine gefettete, mit Pergamentpapier ausgelegte Kastenform füllen.
Gas: 1$\frac{1}{2}$–3.
Strom: 150–175.
Backzeit: 65–85 Minuten.

Für den Guß

125 g Puderzucker	sieben, mit
2–3 Eßl. Zitronensaft	verrühren.

Den erkalteten Kuchen damit bestreichen.

Zimtkuchen

Für den Teig

250 g Butter oder Margarine	schaumig rühren und nach und nach
250 g Zucker	
1 Päckchen Vanillin-Zucker	
4 Eier	
4 Tropfen Backöl Zitrone	
1 gehäuften Eßl.	
gemahlenen Zimt	hinzugeben.
250 g Weizenmehl	
9 g (3 gestrichene Teel.)	
Backpulver Backin	mischen, sieben und eßlöffelweise unterrühren.
125 g gewaschene,	
abgetropfte Korinthen	
125 g gewaschene,	
abgetropfte, ungeschälte	
Mandeln	unter den Teig heben.

Den Teig in eine gefettete Kastenform (etwa 30 cm lang) füllen.
Gas: 2–3.
Strom: 150–175.
Backzeit: 70–80 Minuten.

Biskuitrolle

(Abb. nebenstehend)

Für den Teig

3 Eigelb	
5–6 Eßl. warmes Wasser	schaumig schlagen, nach und nach ²/₃ von
150 g Zucker	und
1 Päckchen Vanillin-Zucker	hinzugeben, so lange schlagen, bis eine cremeartige Masse entstanden ist.
3 Eiweiß	steif schlagen, nach und nach den Rest des Zuckers unterschlagen. Den Schnee auf die Eigelbcreme geben

3 Eigelb
5–6 Eßl. warmes Wasser schaumig schlagen, nach und nach $^2/_3$ von
150 g Zucker und
1 Päckchen Vanillin-Zucker hinzugeben, so lange schlagen, bis eine cremeartige Masse entstanden ist.

3 Eiweiß steif schlagen, nach und nach den Rest des Zuckers unterschlagen. Den Schnee auf die Eigelbcreme geben

100 g Weizenmehl
50 g Speisestärke,
z. B. Gustin
3 g (1 gestrichener Teel.)
Backpulver Backin mischen, darüber sieben, unter die Eigelbcreme ziehen (nicht rühren).

Den Teig etwa 1 cm dick auf ein mit Papier belegtes Backblech streichen.

An der offenen Seite des Blechs das Papier unmittelbar vor dem Teig zur Falte knicken, so daß ein Rand entsteht.

Sofort backen.

Gas: 5 Minuten vorheizen 3–4, backen 3–4.

Strom: 200–225.

Backzeit: 10–15 Minuten.

Den Biskuit nach dem Backen sofort auf ein mit

Zucker bestreutes Papier stürzen.

Das Backpapier mit kaltem Wasser bestreichen, vorsichtig, aber schnell abziehen.

Den Biskuit sofort gleichmäßig mit

250–375 g Konfitüre bestreichen. Von der kürzeren Seite her aufrollen, die Rolle mit

Puderzucker bestäuben oder dünn mit Konfitüre bestreichen. Mit

Mandel- oder
Haselnußscheiben bestreuen.

Haselnußrolle

Für den Teig

4 Eigelb	
3–4 Eßl. warmes Wasser	schaumig schlagen, nach und nach ²/₃ von
125 g Zucker	und
1 Päckchen Vanillin-Zucker	hinzugeben, so lange schlagen, bis eine cremeartige Masse entstanden ist.
4 Eiweiß	steif schlagen, nach und nach den Rest des Zuckers unterschlagen, den Schnee auf die Eigelbcreme geben.

75 g Weizenmehl	
50 g Speisestärke, z. B. Gustin	
1 Messerspitze Backpulver Backin	mischen, darüber sieben, unter die Eigelbcreme ziehen (nicht rühren), den Teig etwa 1 cm dick auf ein mit Papier belegtes Backblech streichen.

Gas: 5 Minuten vorheizen 3–4, backen 3–4.
Strom: 200–225.
Backzeit: 10–15 Minuten.
Den Biskuit nach dem Backen sofort auf ein mit Zucker bestreutes Papier stürzen, das Backpapier mit kaltem Wasser bestreichen, vorsichtig, aber schnell abziehen. Den Biskuit mit der Papierunterlage aufrollen, kalt stellen.

Für die Füllung

375 ml (³/₈ l) Sahne	¹/₂ Minute schlagen.
40 g Puderzucker	sieben, mit
2 Päckchen Sahnesteif	
1 Päckchen Vanillin-Zucker	mischen, einstreuen, die Sahne steif schlagen.
1–2 Tropfen Backöl Bittermandel	
100 g gemahlene Haselnußkerne	unterrühren.

Die ausgekühlte Rolle vorsichtig auseinanderrollen, mit der Haselnußsahne (etwas zurücklassen) gleichmäßig bestreichen, aufrollen, die äußere braune Haut entfernen, die Rolle mit der restlichen Sahne bestreichen, mit

in Scheiben geschnittenen Haselnußkernen	bestreuen.

Festliche Torten

. . . Feine Schokoladentorte

Himmelstorte

Mandeltorte

Rum-Sahnetorte

Panamatorte . . .

Feine Schokoladentorte

Für den Teig

150 g Butter	schaumig rühren und nach und nach
75 g Zucker	
1 Päckchen Vanillin-Zucker	
150 g aufgelöste,	
zartbittere Schokolade	
2 Eier	
4 Eigelb	hinzugeben.
150 g Weizenmehl	
2–3 gestrichene Eßl. Kakao	
3 g (1 gestrichener Teel.)	
Backpulver Backin	mischen, sieben und eßlöffelweise unterrühren.
4 Eiweiß	steif schlagen und nach und nach
75 g Zucker	eßlöffelweise unterschlagen.

Vorsichtig unter den Teig heben, ihn in eine mit Pergamentpapier ausgelegte Springform (Durchmesser etwa 26 cm) füllen und glattstreichen.

Gas: 2–3.

Strom: 175–200.

Backzeit: Etwa 40 Minuten.

Den Tortenboden stürzen, erkalten lassen und einmal durchschneiden.

Den unteren Boden mit knapp der Hälfte von

5–6 Eßl. rotem oder schwarzem Johannisbeergelee bestreichen.

Rand und obere Seite der Torte mit dem Rest des Gelees dünn und gleichmäßig bestreichen.

Für den Guß

100 g zartbittere Schokolade in kleine Stücke brechen, mit

5 Eßl. Sahne in einem kleinen Topf im Wasserbad oder auf der Automatikplatte zu einer geschmeidigen Masse verrühren.

Die Torte mit der Schokolade überziehen.

Beigabe: Schlagsahne.

Schwarzwälder Kirschtorte

Für den Knetteig

125 g Weizenmehl
10 g Kakao
3 g (1 gestrichener Teel.)
Backpulver Backin

mischen, auf die Tischplatte sieben und in die Mitte eine Vertiefung drücken.

50 g Zucker
1 Päckchen Vanillin-Zucker

hineingeben.

75 g kalte Butter oder Margarine

in Stücke schneiden, auf den Zucker geben, mit Mehl bedecken und von der Mitte aus alle Zutaten schnell zu einem glatten Teig verkneten. Sollte er kleben, ihn eine Zeitlang kalt stellen.
Den Teig auf dem Boden einer Springform (Durchmesser etwa 26 cm) ausrollen und mehrmals mit einer Gabel einstechen.
Gas: 5 Minuten vorheizen 3–4, backen 3–4.
Strom: 200–225.
Backzeit: Etwa 15 Minuten.

Für den Biskuitteig

4 Eigelb
2 Eßl. warmes Wasser
100 g Zucker
1 Päckchen Vanillin-Zucker

schaumig schlagen und nach und nach ²/₃ von

hinzugeben. So lange schlagen, bis eine cremeartige Masse entstanden ist.

3 Tropfen Backöl Bittermandel
gut 1 Messerspitze
gemahlenen Zimt

unterrühren.

4 Eiweiß

steif schlagen und nach und nach den Rest des Zuckers unterschlagen und auf die Eigelbcreme geben.

75 g Weizenmehl
30 g Speisestärke,
z. B. Gustin
10 g Kakao
1¹/₂ g (¹/₂ gestrichener Teel.)
Backpulver Backin

mischen, darüber sieben, unter die Eigelbcreme

ziehen (nicht rühren). Den Teig in eine mit Pergamentpapier ausgelegte Springform (Durchmesser etwa 26 cm) füllen, sofort backen.
Gas: 3–4.
Strom: 175–200.
Backzeit: 25–30 Minuten.
Den Tortenboden erkalten lassen.

Für die Füllung

500 g entsteinte Sauerkirschen (aus dem Glas)	abtropfen lassen
	oder
750 g Sauerkirschen	waschen, entsteinen, mit
75 g Zucker	mischen. Kurze Zeit zum Saftziehen stehenlassen, zum Kochen bringen, abtropfen und erkalten lassen. $1/4$ l Saft abmessen (evtl. mit Wasser ergänzen).
40 g Speisestärke, z. B. Gustin	mit 4 Eßl. von dem Saft anrühren. Den übrigen Kirschsaft zum Kochen bringen, die Speisestärke unter Rühren in den von der Kochstelle genommenen Kirschsaft geben, kurz aufkochen lassen. Die Kirschen unterrühren, kalt stellen und mit
etwa 25 g Zucker	
etwa 2 Eßl. Kirschwasser	abschmecken.
$1/2$ l Sahne	$1/2$ Minute schlagen.
25 g Puderzucker	sieben, mit
1 Päckchen Vanillin-Zucker	
2 Päckchen Sahnesteif	mischen, einstreuen. Die Sahne steif schlagen. Zunächst die Hälfte der Kirschcreme, dann $1/3$ der Sahne auf den Knetteigboden streichen.

Den Biskuitboden einmal durchschneiden, eine Hälfte auf die Sahne legen, gut andrücken, mit der übrigen Kirschcreme, dann mit der Hälfte der übrigen Sahne bestreichen und mit dem oberen Boden bedecken.
Den Rand gleichmäßig, die obere Seite bergartig mit der restlichen Sahne bestreichen.
Die Torte mit

30 g geraspelter Schokolade bestreuen.

Ananas-Sahnetorte

Für den Teig

3 Eigelb
3–4 Eßl. warmes Wasser
125 g Zucker
1 Päckchen Vanillin-Zucker

schaumig schlagen und nach und nach ²/₃ von

dazugeben. Danach so lange schlagen, bis eine cremeartige Masse entstanden ist.

3 Eiweiß

zu steifem Schnee schlagen. Dann unter ständigem Schlagen nach und nach den Rest des Zuckers dazugeben. Den Schnee auf die Eigelbcreme geben.

125 g Weizenmehl
1 gestrichenen Eßl. Kakao
3 g (1 gestrichener Teel.)
Backpulver Backin
50 g abgezogene,
gemahlene, geröstete
Mandeln

mischen und auf den Eischnee sieben.

100 g geriebene Schokolade

daraufgeben und alles vorsichtig unter die Eigelbcreme ziehen (nicht rühren).
Den Teig in eine gefettete Backform füllen.
Gas: 3–4.
Strom: 175–200.
Backzeit: 20–30 Minuten.
Den Tortenboden gut auskühlen lassen und einmal durchschneiden.

Für den Guß

75 g zartbittere Schokolade
etwas Kokosfett

in kleine Stücke schneiden und mit
in einem kleinen Topf im Wasserbad oder auf der Automatikplatte zu einer geschmeidigen Masse verrühren.
Den oberen Boden damit gleichmäßig überziehen.

Für die Füllung

2 schwach gehäufte Teel.
Gelatine gemahlen, weiß   mit
3 EßI. kaltem Wasser   anrühren und 10 Minuten quellen lassen.

10 Scheiben (etwa 350 g)
Ananas (aus der Dose)   abtropfen lassen und in kleine Stücke schneiden.
300 g Ananas-Konfitüre   durch ein Sieb streichen, mit
3 EßI. Weinbrand   verrühren.

Die gequollene Gelatine unter Rühren erwärmen, bis sie gelöst ist, und unter die Ananas-Konfitüre rühren.

500 ml (¹/₂ l) Sahne   steif schlagen und ¹/₄ davon zum Verzieren abnehmen.

Unter die übrige Schlagsahne die Konfitüre rühren und sie kurze Zeit kalt stellen.

Die Ananasstücke (einige zum Garnieren zurücklassen) auf den unteren Boden geben.

Die Ananassahne darauf verteilen.

Den mit Schokolade bestrichenen Boden darauflegen und gut andrücken.

Den unteren Rand der Torte mit etwas von der zurückgelassenen Sahne bestreichen und mit

25 g abgezogenen,
gemahlenen, gerösteten
Mandeln   bestreichen.

Die obere Seite mit der restlichen Sahne verzieren und mit Ananasstückchen garnieren.

Mandel-Krokanttorte

Für den Teig

4 Eigelb
4 Eßl. Apfelsinensaft   schaumig schlagen und nach und nach ²/₃ von
175 g Zucker
1 Päckchen Vanillin-Zucker
abgeriebene Schale von
1 ungespritzten Apfelsine   dazugeben.
Danach so lange schlagen, bis eine cremeartige Masse entstanden ist.

5 Eiweiß   zu steifem Schnee schlagen und unter ständigem Schlagen den Rest des Zuckers dazugeben.
Den Schnee auf die Eigelbcreme geben.

50 g Weizenmehl
50 g Speisestärke,
z. B. Gustin
3 g (1 gestrichener Teel.)
Backpulver Backin   mischen und über den Eischnee sieben.
300 g abgezogene,
gemahlene, leicht
geröstete Mandeln   darauf streuen und alles vorsichtig unter die Eigelbcreme ziehen (nicht rühren).
Den Teig in eine mit Pergamentpapier ausgelegte Springform (Durchmesser etwa 26 cm) füllen und sofort backen.
Gas: 3–4.
Strom: 175–200.
Backzeit: Etwa 40 Minuten.
Den Tortenboden erkalten lassen.

Für den Krokant

1 Messerspitze Butter
25 g Zucker   unter Rühren erhitzen, bis der Zucker schwach gebräunt ist.

50 g abgezogene,
gehackte Mandeln   hinzufügen, unter Rühren erhitzen, bis der Krokant genug gebräunt ist.
Die Masse auf eine geölte Platte geben.
Nach dem Erkalten den Krokant in kleine Stücke zerstoßen.

1 Eßl. Speiseöl erhitzen.

100 g abgezogene,
halbierte Mandeln in dem Öl unter häufigem Wenden leicht bräunen.
Abkühlen und gut abtropfen lassen.

Für die Füllung

500 ml (¹/₂ l) Milch
von Zimmertemperatur
1 Päckchen Vanillin-Zucker in eine Schüssel geben und mit
1 Päckchen Torten-
Creme-Pulver
250 g Butter oder Margarine nach der Vorschrift auf der Packung eine Buttercreme bereiten.
Den Tortenboden einmal durchschneiden.
Den unteren Boden zuerst mit

2 gehäuften Eßl.
Apfelsinenmarmelade bestreichen und dann mit etwa der Hälfte der Creme.
Den oberen Boden darauf legen.
Den Rand und die obere Seite der Torte mit der restlichen Creme bestreichen.
Den Rand mit dem Krokant bestreuen.
Die Torte mit den Mandeln garnieren und bis zum Verzehr kalt stellen.

Himmelstorte

(Abb. nebenstehend)

Für den Teig

200 g Butter oder Margarine

schaumig rühren, nach und nach

200 g Zucker
1 Päckchen Vanillin-Zucker
Salz
2 Eier
1 Eigelb

hinzugeben.

350 g Weizenmehl
9 g (3 gestrichene Teel.)
Backpulver Backin

mischen, sieben, eßlöffelweise unterrühren. $^{1}/_{4}$ des Teiges auf den Boden einer gefetteten Springform (Rand nicht fetten, Durchmesser etwa 26 cm) füllen. Aus dem restlichen Teig nochmals 3 Tortenböden backen.

1 Eiweiß

verschlagen, die Teigböden damit bestreichen, mit

125 g abgezogenen, gehobelten Mandeln

bestreuen.

Gas: 5 Minuten vorheizen 3–4, backen 3–4.
Strom: 175–200.
Backzeit: Etwa 15 Minuten.

Für die Füllung

3 gestrichene Teel.
Gelatine gemahlen, weiß
3 Eßl. kaltem Wasser

mit

anrühren, 10 Minuten quellen lassen, unter Rühren erwärmen, bis sie gelöst ist. Kühl stellen.

500 ml ($^{1}/_{2}$ l) Sahne

fast steif schlagen, die lauwarme Gelatinelösung unter Schlagen nach und nach hinzufügen, die Sahne vollkommen steif schlagen, etwa 1 Tasse voll davon abnehmen (zum Bestreichen für den Rand).

Etwa 300 g Preiselbeeren
(aus dem Glas)

abtropfen lassen, mit dem Rest der Sahnemasse vermengen, in 3 gleiche Portionen teilen. Die einzelnen Böden mit der Füllung bestreichen, sie zu einer Torte zusammensetzen. Die oberste Schicht muß aus einem Boden bestehen.

Den Rand der Torte mit der zurückgelassenen Sahne bestreichen.

Sachertorte

Für den Teig

6 Eigelb
2 Eßl. warmes Wasser
175 g Zucker
1 Päckchen Vanillin-Zucker

schaumig schlagen, nach und nach $^2/_3$ von
und
hinzugeben, so lange schlagen, bis eine cremeartige Masse entstanden ist.

6 Eiweiß

steif schlagen, nach und nach den Rest des Zuk-
kers unterschlagen, den Schnee auf die Eigelbcreme geben.

100 g Weizenmehl
2 Päckchen Pudding-Pulver
für Schokoladen-Pudding
50 g Kakao
6 g (2 gestrichene Teel.)
Backpulver Backin

mischen, darüber sieben, unter die Eigelbcreme
ziehen (nicht rühren), dabei nach und nach

150 g zerlassene, abgekühlte
Butter oder Margarine

dazugeben, den Teig in eine mit Papier ausge-
legte Springform (Durchmesser etwa 26 cm) fül-
len, sofort backen.
Gas: 3–4.
Strom: 175–200.
Backzeit: 35–45 Minuten.
Den Tortenboden gut auskühlen lassen, einmal
durchschneiden.
Mit $^2/_3$ von

200 g Aprikosen-Konfitüre

füllen, Rand und obere Seite der Torte dünn und
gleichmäßig mit der restlichen Konfitüre bestreichen.

Für den Guß

100 g Schokolade
etwas Kokosfett

im Wasserbad oder auf der Automatikplatte zu
einer geschmeidigen Masse verrühren, die Torte
gleichmäßig damit überziehen.

Trüffeltorte

Für den Teig

4 Eigelb	
3–4 Eßl. warmes Wasser	schaumig schlagen, nach und nach ²/₃ von
175 g Zucker	und
1 Päckchen Vanillin-Zucker	hinzugeben, so lange schlagen, bis eine creme-artige Masse entstanden ist.
4 Eiweiß	steif schlagen, nach und nach den Rest des Zuckers unterschlagen, den Schnee auf die Eigelbcreme geben.

100 g Weizenmehl	
100 g Speisestärke, z. B. Gustin	
30 g Kakao	
9 g (3 gestrichene Teel.) Backpulver Backin	mischen, sieben, unter die Eigelbcreme ziehen, den Teig in eine mit Papier ausgelegte Springform (Ø etwa 26 cm) füllen. Sofort backen.

Gas: 3–4.
Strom: 175–200.
Backzeit: 20–30 Minuten.
Den Tortenboden gut auskühlen lassen.

Für die Füllung

125 g Butter	schaumig rühren
150 g Puderzucker	
100 g Kakao	mischen, sieben, mit
1 Ei	
1 Fläschchen Rum-Aroma	unterrühren. 16 Teel. abnehmen und kalt stellen. Unter den Rest der Füllung
2 Eßl. Wasser	
1 Päckchen Vanillin-Zucker	rühren. Den Tortenboden zweimal durchschneiden, mit der Kakaomasse füllen.

Für den Guß

100 g Schokolade	in kleine Stücke brechen, mit
etwas Kokosfett	zu einer geschmeidigen Masse verrühren, die Torte gleichmäßig damit überziehen. Den Rand und einen 2 cm breiten Rand auf der Torte mit
75 g Schokoladenstreuseln	bestreuen. Aus der kalt gestellten Masse 16 Kugeln formen, in den restlichen Schokoladenstreuseln wälzen, kranzförmig auf die Torte legen.

Orangen-Likörtorte

Für den Teig

3 Eigelb	
3–4 Eßl. warmes Wasser	schaumig schlagen und nach und nach ²/₃ von
125 g Zucker	
1 Päckchen Vanillin-Zucker	hinzugeben und so lange schlagen, bis eine cremeartige Masse entstanden ist.
3 Eiweiß	steif schlagen. Der Schnee muß so fest sein, daß ein Messerschnitt sichtbar bleibt.

Nach und nach den Rest des Zuckers unterschlagen, den Schnee auf die Eigelbcreme geben,

75 g Weizenmehl	
75 g Speisestärke, z. B. Gustin	
6 g (2 gestrichene Teel.) Backpulver Backin	mischen, darüber sieben, vorsichtig unter die Eigelbcreme ziehen (nicht rühren).
75 g zerlassene, abgekühlte Margarine	hinzufügen.

Die Hälfte des Teiges in eine gefettete, mit Pergamentpapier ausgelegte Springform (Durchmesser etwa 26 cm) füllen, sofort backen.

Gas: 3–4.
Strom: 175–200.
Backzeit: 15–20 Minuten.
Unter den restlichen Teig

10 g (1 gestrichener Eßl.) Kakao	rühren, ihn – genau wie den hellen Teig – backen.

Die Tortenböden gut auskühlen lassen.

Für die Füllung

1 Päckchen Gelatine gemahlen, weiß	mit
4 Eßl. kaltem Wasser	anrühren, 10 Minuten quellen lassen.
375 ml (³/₈ l) Milch	zum Kochen bringen.
1 Päckchen Pudding-Pulver Vanille-Geschmack	
75 g (3 gut gehäufte Eßl.) Zucker	mischen.

| | Mit |
| 125 ml (¹/₈ l) Orangenlikör | anrühren und in die von der Kochstelle genommene Milch rühren, einmal kurz aufkochen lassen. |

Die gequollene Gelatine (¹/₂ Teel. zurücklassen) in den noch heißen Pudding geben, so lange rühren, bis sie gelöst ist.

Den Pudding kalt stellen, ab und zu durchrühren,

etwa 500 g Aprikosen
(aus der Dose) abtropfen lassen, einige in 16 Spalten, die übrigen in kleine Stücke schneiden.

Die Aprikosenstücke auf den dunklen Boden geben.

Die zurückgelassene Gelatine unter Rühren erwärmen, bis sie gelöst ist.

Die zurückgelassenen Aprikosenspalten damit bestreichen.

500 ml (¹/₂ l) Sahne steif schlagen, unter den erkalteten, noch nicht ganz fest gewordenen Pudding heben.

Etwa 4 Eßl. davon in einen Spritzbeutel mit Sterntülle füllen.

Die Hälfte der restlichen Puddingcreme auf die Aprikosenstücke verteilen, den hellen Biskuitboden darauf legen, gut andrücken.

Rand und obere Seite der Torte mit der restlichen Creme bestreichen.

Den Rand mit

75 g Krokant bestreuen (etwas zurücklassen).

Die obere Tortenseite mit der Creme aus dem Spritzbeutel verzieren, mit dem restlichen Krokant und den Aprikosenspalten garnieren.

Preiselbeer-Sahnetorte

Für den Teig

2 Eigelb
2–3 Eßl. warmes Wasser

mit einem Schneebesen schaumig schlagen, nach und nach ²/₃ von

100 g Zucker
1 Päckchen Vanillin-Zucker

hinzugeben. So lange schlagen, bis eine creme-artige Masse entstanden ist.

2 Eiweiß

steif schlagen, nach und nach den Rest des Zuk-kers unterschlagen, den Schnee auf die Eigelb-creme geben.

75 g Weizenmehl
50 g Speisestärke,
z. B. Gustin
3 g (1 gestrichener Teel.)
Backpulver Backin

mischen, darüber sieben, unter die Eigelbcreme ziehen (nicht rühren).
Den Teig in eine mit Papier ausgelegte Spring-form (Durchmesser etwa 26 cm) füllen. Sofort bak-ken.
Gas: 3–4.
Strom: 175–200.
Backzeit: 20–30 Minuten.
Den Tortenboden gut auskühlen lassen.

Für die Füllung

etwa 450 g Preiselbeeren
(aus dem Glas)
500 ml (¹/₂ l) Sahne
10 g Zucker
1 Päckchen Sahnesteif
¹/₂ Päckchen Vanillin-Zucker

abtropfen lassen.
¹/₂ Minute schlagen.

mischen, einstreuen, die Sahne steif schlagen. Den Tortenboden einmal durchschneiden, den unteren Boden mit den Preiselbeeren bestrei-chen, die Hälfte der Schlagsahne darauf verteilen, den oberen Boden darauf legen, gut andrücken. Rand und obere Seite der Torte gleichmäßig mit der restlichen Sahne bestreichen.
Die Torte mit

etwa 40 g geraspelter
Schokolade

garnieren.

Schokoladen-Nußtorte

Für den Teig

7 Eier	mit einem elektrischen Handrührgerät 1 Minute auf der höchsten Stufe schlagen.
200 g Zucker	
1 Päckchen Vanillin-Zucker	mischen, einstreuen, noch 2 Minuten schlagen.
300 g Haselnußkerne	mahlen, mit
50 g Speisestärke, z. B. Gustin	mischen, 1/3 davon auf die Eiercreme geben, kurz auf der niedrigsten Stufe unterrühren.

Den Rest der Haselnußkerne in zwei Arbeitsgängen auf dieselbe Weise unterarbeiten.

Den Teig in eine mit Papier ausgelegte Springform (Durchmesser etwa 26 cm) füllen, sofort bakken.

Gas: 2–3.

Strom: 165–185.

Backzeit: 50–60 Minuten.

Den Tortenboden gut auskühlen lassen.

Für die Füllung

1 Päckchen Gelatine gemahlen, weiß	mit
5 Eßl. kaltem Wasser	anrühren, 10 Minuten quellen lassen, unter Rühren erwärmen, bis sie gelöst ist. Kühl stellen.
750 ml (3/4 l) Sahne	fast steif schlagen.
	Die lauwarme Gelatinelösung
1 Päckchen Vanillin-Zucker	hinzufügen, die Sahne vollkommen steif schlagen.
	1/3 davon in einen Spritzbeutel füllen.
100 g Schokolade	raspeln, vorsichtig unter die Schlagsahne heben.

Den Tortenboden zweimal durchschneiden, den unteren Boden mit der Hälfte der Schokoladensahne bestreichen, den zweiten darauf legen, mit der restlichen Schokoladensahne bestreichen, mit dem dritten Boden bedecken.

Rand und obere Seite der Torte gleichmäßig mit etwas Schlagsahne aus dem Spritzbeutel bestreichen.

Den Rand der Torte mit

50 g geraspelter Schokolade	bestreuen, mit der Schlagsahne aus dem Spritzbeutel die Torte verzieren.

Sahnetorte

Für den Teig

200 g Butter oder Margarine   schaumig rühren und nach und nach
200 g Zucker
1 Päckchen Vanillin-Zucker
200 g zartbittere,
aufgelöste Schokolade
5 Eier
Salz
1 Fläschchen Rum-Aroma   hinzugeben.
150 g Weizenmehl
50 g Speisestärke,
z. B. Gustin
3 g (1 gestrichener Teel.)
Backpulver Backin   mischen, sieben und eßlöffelweise unterrühren.
75 g abgezogene,
gemahlene Mandeln   unterheben.

Den Teig in eine mit Pergamentpapier ausgelegte Springform (Durchmesser etwa 26 cm) füllen.
Gas: 3–4.
Strom: 175–200.
Backzeit: 40–45 Minuten.

Für die Füllung

500 ml (¹/₂ l) Sahne   ¹/₂ Minute schlagen, dann
50 g gesiebten Puderzucker   mit
2 Päckchen Sahnesteif   mischen, einrühren und die Sahne fast steif schlagen.

2 schwach gehäufte Teel.
Instant-Kaffee   in
1 Eßl. kochendheißem Wasser   auflösen und abkühlen lassen.

Den abgekühlten Kaffee hinzufügen und die Sahne vollkommen steif schlagen.
Den ausgekühlten Tortenboden zweimal durchschneiden.
Den unteren und den mittleren Boden zunächst dünn mit

etwa 2 Eßl. Aprikosen-
Konfitüre   bestreichen und danach die Mokkasahne darüberstreichen (1 gut gehäuften Eßlöffel zurücklassen). Zu einer Torte zusammensetzen und mit dem oberen Boden bedecken.

geraspelter Schokolade   Den Rand der Torte mit der zurückgelassenen
Mokkasahne bestreichen und mit
bestreuen.

Ein weihnachtliches Motiv auf ein Stück Papier
zeichnen, zu einer Schablone ausschneiden und
auf die Tortenoberfläche legen. Mit
Puderzucker   bestäuben.

Die Schablone vorsichtig abheben.

Wiener Sandtorte

(Dr. Oetker Backform
Margarete)

Für den Teig von

6 Eiern — 2 Teel. Eiweiß abnehmen und zugedeckt aufbewahren.
Die Eier mit einem elektrischen Handrührgerät auf höchster Stufe mit

375 g feinkörnigem Zucker
2 Päckchen Vanillin-Zucker — (eßlöffelweise hinzufügen).
2 Eßl. Wasser — 1½–2 Minuten schlagen.
hinzugeben.

175 g Weizenmehl
175 g Speisestärke,
4½ g (1½ gestrichene Teel.)
Backpulver Backin — mischen, sieben, eßlöffelweise unterrühren.

375 g zerlassene Butter — heiß (aber nicht kochend) vorsichtig unterrühren.
Die gefettete Form auf den Ring einer Springform setzen, den Teig einfüllen und die Form mit dem Ring auf dem Rost in die Mitte des Backofens schieben oder den Teig in eine gefettete Springform (Durchmesser etwa 26 cm) füllen.
Gas: 2–3.
Strom: 150–175.
Backzeit: 60–85 Minuten.
Die Torte auf einen Kuchenrost stürzen,
etwas abkühlen lassen.

Zum Aprikotieren

3 gehäufte Eßl.
Aprikosen-Konfitüre — durch ein Sieb streichen, mit
3 Eßl. Apricot Brandy
1 Eßl. Wasser
1 Teel. Rum — unter Rühren aufkochen lassen. Die Sandtorte damit bestreichen.

Für den Guß

30 g Puderzucker — sieben, mit den zurückgelassenen
2 Teel. Eiweiß
evtl. etwas Wasser — verrühren, bis ein spritzfähiger Guß entsteht.
Die Masse in ein Pergamentpapiertütchen füllen, von der Tüte eine Spitze abschneiden und die Torte mit dem Guß verzieren.

Zitronen-Schokoladentorte

(Abb. vorhergehende Seite)

Für den Teig

300 g Weizenmehl
6 g (2 gestrichene Teel.)
Backpulver Backin
10 g Kakao — mischen, auf die Tischplatte sieben, in die Mitte eine Vertiefung drücken.

175 g Zucker
1 Päckchen Vanillin-Zucker
1 Ei — hineingeben, mit einem Teil des Mehls zu einem dicken Brei verarbeiten.

175 g kalte Butter oder
Margarine — in Stücke schneiden, auf den Teigbrei geben, mit
200 g gemahlenen
Haselnußkernen — bedecken, von der Mitte aus alle Zutaten schnell zu einem glatten Teig verkneten. Sollte er kleben, ihn eine Zeitlang kalt stellen.
Aus dem Teig 4 Böden herstellen.
Dazu jeweils 1/4 des Teiges auf einem kantenlosen gefetteten Springformboden (Durchmesser etwa 26 cm) ausrollen, jeden Boden ohne Springformrand backen.
Gas: 5 Minuten vorheizen 3–4, backen 3–4.
Strom: 175–200.
Backzeit: Je Boden 10–15 Minuten.
Sofort nach dem Backen die Böden vom Springformboden lösen, einen davon in 16 Stücke schneiden, erkalten lassen.

Für den Guß

50 g Schokolade — in kleine Stücke brechen, mit
10 g Kokosfett — in einem kleinen Topf im Wasserbad oder auf der Automatikplatte bei schwacher Hitze zu einer geschmeidigen Masse verrühren, die 16 Tortenstücke auf einer Seite gleichmäßig damit bestreichen.

Für die Füllung

3 gestrichene Teel. Gelatine gemahlen, weiß	mit
3 Eßl. kaltem Wasser	anrühren, 10 Minuten zum Quellen stehenlassen.
1 Zitrone (ungespritzt)	mit heißem Wasser abwaschen, abtrocknen, mit den Ecken von
5 Stück Würfelzucker	die Zitronenschale abreiben.

Die gequollene Gelatine mit dem Würfelzucker unter Rühren erwärmen, bis alles gelöst ist.

7 Eßl. Zitronensaft	hinzufügen, kühl stellen.
$^3/_4$ l Sahne	fast steif schlagen, die lauwarme Gelatinelösung hinzufügen, die Sahne vollkommen steif schlagen.
150 g Puderzucker	sieben, vorsichtig unterheben, einen Teil der Sahne in einen Spritzbeutel füllen, einen der gebackenen Böden so einteilen, daß 16 Stücke von der Mitte aus zum Rand mit „Sahnetütchen" bespritzt werden können, die beiden übrigen Böden mit der restlichen Sahne bestreichen (nach Belieben bespritzen), aufeinandersetzen, mit dem verzierten Boden bedecken.

Die mit Guß bestrichenen Tortenstückchen jeweils an ein „Sahnetütchen" schräg gesteckt anlehnen, so daß eine fächerartige Garnierung entsteht.

Apfelsinen-Schichttorte

Für den Teig

175 g Butter oder Margarine
175 g Zucker
1 Päckchen Vanillin-Zucker

schaumig rühren und nach und nach

3 Eier — hinzugeben.

150 g Weizenmehl
30 g Speisestärke,
z. B. Gustin
3 g (1 gestrichener Teel.)
Backpulver Backin

mischen, sieben und eßlöffelweise unterrühren. Die Teigmenge für 4 Böden einteilen, jeweils auf einen gefetteten Springformboden (Durchmesser etwa 26 cm) streichen.
Jeden Boden ohne Springformrand backen, bis er hellbraun ist.
Gas: 5 Minuten vorheizen 3–4, backen 3–4.
Strom: 175–200.
Backzeit: Etwa 10 Minuten.
Sofort nach dem Backen die Böden vom Springformboden lösen, auf einem Kuchenrost erkalten lassen.

100 g zartbittere Schokolade
etwa 10 g Kokosfett

im Wasserbad oder auf der Automatikplatte zu einer geschmeidigen Masse verrühren, mit einem Pinsel die obere Seite der Böden damit bestreichen, gut trocknen lassen.

Für die Füllung

2 gehäufte Teel. Gelatine
gemahlen, weiß
3 Eßl. kaltem Wasser

mit
anrühren, 10 Minuten quellen lassen.
Aus

$^1/_4$ l Apfelsinensaft
(von 4–5 Apfelsinen)
1 Päckchen Galetta
Vanille-Geschmack

nach der Vorschrift auf dem Päckchen eine Creme zubereiten, stehenlassen.

1 ungespritzte Apfelsine	mit heißem Wasser abwaschen, abtrocknen, mit den Ecken von
4 Stück Würfelzucker	die Apfelsinenschale abreiben.
	Die gequollene Gelatine mit dem Würfelzucker unter Rühren erwärmen, bis alles gelöst ist, kühl stellen.
500 ml ($^{1}/_{2}$ l) Sahne	fast steif schlagen, die lauwarme Gelatinelösung hinzufügen.
	Die Sahne vollkommen steif schlagen, etwas von der Schlagsahne zum Verzieren in einen Spritzbeutel füllen, die übrige Schlagsahne unter die Apfelsinencreme heben.
	Die Böden mit der Füllung bestreichen (etwas für den Rand zurücklassen), zu einer Torte zusammensetzen, die oberste Schicht muß ein Boden sein.
	Den Rand der Torte mit der zurückgelassenen Schlagsahne bestreichen,
	mit
30 g geraspelter Schokolade	bestreuen.
	Die Torte mit der Schlagsahne aus dem Spritzbeutel verzieren,
	mit
Apfelsinenspalten	garnieren.

Schokoladen-Baisertorte

Für den Teig

4 Eigelb	
3 Eßl. warmes Wasser	mit einem Schneebesen schaumig schlagen, nach und nach $^2/_3$ von
100 g Zucker	
1 Päckchen Vanillin-Zucker	hinzugeben. So lange schlagen, bis eine cremeartige Masse entstanden ist.
1 Eiweiß	steif schlagen, nach und nach den Rest des Zukkers unterschlagen, den Schnee auf die Eigelbcreme geben.
75 g Weizenmehl	
50 g Speisestärke, z. B. Gustin	
3 g (1 gestrichener Teel.) Backpulver Backin	mischen, darüber sieben, unter die Eigelbcreme ziehen (nicht rühren).

Den Teig in eine mit Papier ausgelegte Springform (Durchmesser etwa 26 cm) füllen.
Sofort backen.
Gas: 3–4.
Strom: 175–200.
Backzeit: Etwa 30 Minuten.
Den Tortenboden gut auskühlen lassen.

Für die Baisermasse

3 Eiweiß	steif schlagen, nach und nach eßlöffelweise
150 g Zucker	
1 Päckchen Vanillin-Zucker	unterschlagen, aus der Masse 2 Baiserböden herstellen.

Dazu jeweils die Hälfte in eine gefettete, mit gut gefettetem Papier ausgelegte Springform (Durchmesser etwa 26 cm) geben, glattstreichen.
Gas: Knapp 1, nach 30–40 Minuten Ofen ausschalten, Boden noch etwa 20 Minuten im Ofen stehenlassen.
Strom: 100–110.
Backzeit: Je Boden 60–80 Minuten.
Sobald die Böden gebacken sind, das Papier mit Wasser bestreichen, abziehen, die Baiserböden im gut schließenden Kochtopf aufbewahren, damit sie nicht weich werden.

Für die Buttercreme

1 Päckchen Gala Pudding-Pulver 10 g Kakao 1 Päckchen Soßen-Pulver Vanille-Geschmack 50 g Zucker	mischen, mit
8 Eßl. kalter Milch	anrühren.
500 ml ($^1/_2$ l) Milch	zum Kochen bringen, das Pudding-Pulver unter Rühren in die von der Kochstelle genommene Milch geben, kurz aufkochen lassen.
50 g Kokosfett	in den heißen Pudding geben, kalt stellen, ab und zu durchrühren.
250 g Margarine	schaumig rühren, den Pudding eßlöffelweise darunter geben (darauf achten, daß weder Fett noch Pudding zu kalt sind, da dann die sogenannte Gerinnung eintritt).

Den Biskuitboden einmal durchschneiden, den unteren Boden dünn mit Buttercreme bestreichen, einen Baiserboden darauf legen, wieder dünn mit Buttercreme bestreichen, den anderen Baiserboden darauf legen, wieder mit Buttercreme bestreichen, mit dem oberen Boden bedecken. Rand und obere Seite der Torte dünn und gleichmäßig mit Buttercreme bestreichen. Den Rand der Torte mit

50 g gehobelten Mandeln bestreuen.

Die Torte mit der restlichen Creme verzieren.

Die Torte schmeckt am besten möglichst frisch (Baiserböden weichen sonst durch).

Mandeltorte

Für den Teig

5 Eigelb	
4 Eßl. Apfelsinensaft	schaumig schlagen, nach und nach ²/₃ von
175 g Zucker	
1 Päckchen Vanillin-Zucker	
abgeriebene Schale von	
1 ungespritzten Apfelsine	hinzugeben, so lange schlagen, bis eine creme-

5 Eigelb
4 Eßl. Apfelsinensaft
175 g Zucker
1 Päckchen Vanillin-Zucker
abgeriebene Schale von
1 ungespritzten Apfelsine

Für den Teig

5 Eigelb
4 Eßl. Apfelsinensaft   schaumig schlagen, nach und nach $^2/_3$ von
175 g Zucker
1 Päckchen Vanillin-Zucker
abgeriebene Schale von
1 ungespritzten Apfelsine   hinzugeben, so lange schlagen, bis eine creme-
                             artige Masse entstanden ist.

5 Eiweiß   steif schlagen. Es muß so fest sein, daß ein Mes-
                             serschnitt sichtbar bleibt. Nach und nach den
                             Rest des Zuckers unterschlagen, den Schnee auf
                             die Eigelbcreme geben.

50 g Weizenmehl
50 g Speisestärke,
z. B. Gustin
3 g (1 gestrichener Teel.)
Backpulver Backin   mischen, darüber sieben.
300 g abgezogene,
gemahlene, leicht geröstete
Mandeln   darüber streuen, vorsichtig unter die Eigelb-
                             creme ziehen (nicht rühren).
                             Den Teig in eine gefettete, mit Pergamentpapier
                             ausgelegte Springform (Durchmesser etwa
                             26 cm) füllen, sofort backen.
                             Gas: 3–4.
                             Strom: 175–200.
                             Backzeit: Etwa 40 Minuten.
                             Den Tortenboden gut auskühlen lassen.

Für den Krokant

1 Messerspitze Butter oder
Margarine
25 g (1 gut gehäufter Eßl.)
Zucker   unter Rühren erhitzen, bis der Zucker schwach
                             gebräunt ist.

50 g abgezogene, *gehackte Mandeln*	hinzufügen, unter Rühren erhitzen, bis die Krokantmasse genug gebräunt ist. Auf eine geölte Platte geben, erkalten lassen und in kleine Stücke zerstoßen.

Zum Garnieren

1 Eßl. Speiseöl	in einer kleinen Pfanne erhitzen.
100 g abgezogene, *halbierte Mandeln*	hinzugeben, unter häufigem Wenden leicht bräunen, abkühlen und abtropfen lassen (am besten auf Filterpapier). Eine Buttercreme nach Vorschrift auf dem Päckchen zubereiten aus:
$^1/_2$ l Milch *1 Päckchen Vanillin-Zucker* *1 Päckchen* *Torten-Creme-Pulver,* *Vanille-Geschmack* *250 g Butter oder Margarine*	
	Den Tortenboden einmal durchschneiden. Den unteren Boden zuerst mit
2 gehäuften Eßl. *Apfelsinenmarmelade*	bestreichen, dann mit etwa der Hälfte der Creme bestreichen. Den oberen Boden darauf legen. Rand und obere Seite der Torte mit der restlichen Creme bestreichen. Den Rand mit dem Krokant bestreuen. Die Torte mit den Mandelhälften garnieren. Bis zum Verzehr kalt stellen.

Rum-Sahnetorte

Für den Teig

3 Eigelb
3–4 Eßl. warmes Wasser — mit einem Schneebesen schaumig schlagen und nach und nach ²/₃ von

125 g Zucker
1 Päckchen Vanillin-Zucker — dazugeben und so lange schlagen, bis eine cremeartige Masse entstanden ist.

3 Eiweiß — zu steifem Schnee schlagen. Unter Schlagen nach und nach den Rest des Zuckers zugeben. Den Schnee auf die Eigelbcreme geben.

75 g Weizenmehl
75 g Speisestärke, z. B. Gustin
15 g Kakao
6 g (2 gestrichene Teel.) Backpulver Backin — mischen, darübersieben und alles vorsichtig unter die Eigelbcreme ziehen (nicht rühren).

75 g Butter oder Margarine — zerlassen, abgekühlt vorsichtig hinzufügen. Den Teig in eine mit Papier ausgelegte Springform (Durchmesser etwa 26 cm) füllen, sofort backen.
Gas: 3–4.
Strom: 175–200.
Backzeit: 20–30 Minuten.
Den Tortenboden gut auskühlen lassen.

Für die Füllung

500 ml (¹/₂ l) Sahne — ¹/₂ Minute schlagen.
50 g Puderzucker — sieben, mit
1 Päckchen Sahnesteif — mischen, einstreuen, die Sahne steif schlagen.
4 Eßl. Rum — vorsichtig unterziehen.
Den Tortenboden zweimal durchschneiden, den unteren Boden mit gut ¹/₃ der Rumsahne bestreichen, den zweiten darauf legen, mit der Hälfte der restlichen Rumsahne bestreichen, mit dem dritten bedecken.
Rand und obere Seite der Torte gleichmäßig mit der restlichen Rumsahne bestreichen.
Die obere Seite mit

roten Kirschen
Schokoladentäfelchen — garnieren.

Blitz-Käsetorte

Für den Teig

120 g Löffelbiskuits zerkrümeln, auf einem Küchentuch mit der Teigrolle zerdrücken, in eine Schüssel geben und mit

75 g zerlassener Butter gut verrühren.

Die Masse gleichmäßig auf dem umgedrehten, gefetteten Boden einer Springform (Durchmesser etwa 26 cm) verteilen und gut andrücken.

Für die Füllung

1 Päckchen Götterspeise, Zitrone-Geschmack mit

200 ml (¹/₅ l) Wasser verrühren und 10 Minuten quellen lassen.

Unter Rühren erhitzen, bis die Götterspeise gelöst ist, und etwas abkühlen lassen.

200 g Doppelrahm-Frischkäse
125 g Zucker
1 Päckchen Vanillin-Zucker
2 Eßl. Zitronensaft verrühren und die lauwarme Götterspeise unterrühren.

500 ml (¹/₂ l) Sahne steif schlagen.

Wenn die Masse anfängt, dicklich zu werden, die steifgeschlagene Sahne unterheben.

Die Käsemasse auf dem Boden verteilen und glattstreichen.

Für den Belag

60 g Löffelbiskuits zerkrümeln und zerdrücken und auf die Käsemasse streuen.

Die Torte vorsichtig mit einem Messer vom Springformrand und -boden lösen und auf eine Tortenplatte setzen.

Bis zum Verzehr kalt stellen.

Nußtorte

Für den Teig

5 Eigelb	
3–4 Eßl. warmes Wasser	schaumig schlagen, nach und nach ²/₃ von
150 g Zucker	
1 Päckchen Vanillin-Zucker	
3 Tropfen Backöl Bittermandel	hinzugeben, so lange schlagen, bis eine creme-artige Masse entstanden ist.
5 Eiweiß	steif schlagen, nach und nach den Rest des Zuckers unterschlagen, den Schnee auf die Eigelbcreme geben.

150 g gemahlene
Haselnußkerne
100 g feingeriebenen
Zwieback
1 Päckchen
Mandella-Grießspeise
9 g (3 gestrichene Teel.)
Backpulver Backin

mischen, darüber geben, vorsichtig unter die Eigelbcreme ziehen (nicht rühren). Den Teig in eine mit Papier ausgelegte Springform (Durchmesser etwa 26 cm) füllen, sofort backen.
Gas: 3–4.
Strom: 175–200.
Backzeit: 30–35 Minuten.
Den Tortenboden gut auskühlen lassen.

Für die Füllung

3 gestrichene Teel. Gelatine
gemahlen, weiß — mit
4 Eßl. Weinbrand

anrühren, 10 Minuten quellen lassen, unter Rühren erwärmen, bis sie gelöst ist. Abkühlen lassen.

500 ml (¹/₂ l) Sahne — ¹/₂ Minute schlagen.
50 g Puderzucker — sieben, einstreuen, die Sahne steif schlagen.
Die Gelatine unter die Sahne ziehen, davon 3 gehäufte Eßl. in einen Spritzbeutel füllen.
Unter die restliche Sahne

3 gestrichene Teel. Kakao — mischen.

75 g geraspelter Schokolade

Den Biskuitboden einmal durchschneiden, den unteren Boden mit ²/₃ der Sahnecreme bestreichen, den oberen Boden darauf legen, leicht andrücken. Rand und obere Seite der Torte mit der restlichen Creme bestreichen, den Rand mit bestreuen. Die obere Seite der Torte mit der Sahne aus dem Spritzbeutel verzieren.

Feine Quarktorte

10 Zwiebäcke (etwa 100 g)
30 g Zucker
30 g Butter
100 g abgezogenen,
gehobelten Mandeln

Für den Boden
reiben und mit

unter Rühren leicht rösten.
Den Boden und Rand einer Springform (Durchmesser etwa 26 cm) mit Alufolie auslegen.
Die Zwiebackmasse hineingeben und etwas andrücken.

250 g Butter
200 g Zucker
1 Päckchen Vanillin-Zucker
7 Eigelb
Salz
abgeriebene Schale von
1 ungespritzten Zitrone
3 Eßl. Zitronensaft
1 kg Speisequark
7 Eiweiß
1 Päckchen Käsekuchen-Hilfe

Für den Belag
schaumig rühren und nach und nach

hinzugeben.
unterrühren.
steif schlagen.
unter die Quarkmasse rühren und unter den Eierschnee unterheben.
Die Quarkmasse auf den Zwiebackboden geben und glattstreichen.
Gas: 2–3.
Strom: 160–175.
Backzeit: 70–80 Minuten.
Den Kuchen in der Form erkalten lassen, den Springformrand entfernen und die Folie vorsichtig abziehen.

Panamatorte

(Abb. vorhergehende Seiten)

Für den Teig

150 g zartbittere Schokolade in kleine Stücke brechen, in einem kleinen Topf im Wasserbad oder auf der Automatikplatte zu einer geschmeidigen Masse verrühren.

7 Eier mit einem elektrischen Handrührgerät mit Rührbesen 1 Minute auf höchster Stufe schlagen.

150 g Zucker
1 Päckchen Vanillin-Zucker mischen, einstreuen, noch 2 Minuten schlagen.
25 g Weizenmehl
3 g (1 gestrichener Teel.)
Backpulver Backin mischen, sieben, mit der Schokolade,
150 g gemahlenen
Haselnußkernen kurz auf Stufe 1 unterrühren, den Teig in eine gefettete, mit Pergamentpapier ausgelegte Springform (Ø ca. 26 cm) füllen. Sofort backen.
Gas: 5 Minuten vorheizen 2–3, backen 2–3.
Strom: 150–175.
Backzeit: Etwa 50 Minuten.
Den Tortenboden erkalten lassen.

Für die Füllung

150 g Butter schaumig rühren.
50 g Puderzucker sieben, nach und nach mit
2 Eiern unterrühren.
100 g zartbittere Schokolade in kleine Stücke brechen, in einem kleinen Topf im Wasserbad oder auf der Automatikplatte bei schwacher Hitze zu einer geschmeidigen Masse verrühren, nach und nach eßlöffelweise unter die Buttercreme rühren.
Den Tortenboden einmal durchschneiden, den unteren Boden mit der Hälfte der Buttercreme bestreichen, mit dem oberen Boden bedecken. Rand und obere Seite der Torte gleichmäßig mit der restlichen Creme bestreichen, die obere Seite mit Hilfe einer Gabel oder eines Tortenkammes wellenförmig verzieren.
Den Rand der Torte mit

etwa 25 g gehobelten,
gebräunten Mandeln bestreuen. Nach Belieben die Torte mit
Konfekt garnieren.

Triester Torte

Für den Teig

60 g zartbittere Schokolade — in Stücke brechen, in einem kleinen Topf im Wasserbad oder auf der Automatikplatte zu einer geschmeidigen Masse verrühren.

100 g Butter oder Margarine
100 g Zucker
3 Eier — schaumig rühren und nach und nach

100 g gemahlene Mandeln
1 Päckchen Pudding-Pulver Vanille-Geschmack
3 g (1 gestrichener Teel.) — und die Schokolade hinzugeben.

Backpulver Backin — mischen, eßlöffelweise unterrühren.

Den Teig in eine gefettete, mit Pergamentpapier ausgelegte Springform (Durchmesser etwa 26 cm) füllen, glattstreichen.

Gas: 3–4.
Strom: 175–200.
Backzeit: Etwa 35 Minuten.

Den erkalteten Tortenboden einmal durchschneiden, den unteren Boden mit

2 Eßl. Weinbrand — beträufeln.

Für die Füllung

2 gestrichene Teel.
Gelatine gemahlen, weiß — mit
3 Eßl. kaltem Wasser — anrühren, 10 Minuten zum Quellen stehenlassen, unter Rühren erwärmen, bis sie gelöst ist, kühl stellen.

500 ml ($^1/_2$ l) Sahne — $^1/_2$ Minute schlagen.

1 Päckchen Vanillin-Zucker — dazugeben. Die Sahne fast steif schlagen. Die lauwarme Gelatinelösung hinzufügen und die Sahne vollkommen steif schlagen.

Die Hälfte der Sahne auf den unteren Boden streichen, den zweiten Boden darauf legen. Rand und obere Seite der Torte mit Sahne bestreichen.

50 g Blockschokolade — grob raspeln, den Tortenrand damit bestreuen. Die Torte mit

Schokoladen-Täfelchen
geviertelten
Maraschinokirschen — garnieren.

Apfel-Sahnetorte

Für den Teig

2 Eigelb
2–3 Eßl. warmes Wasser
100 g Zucker
1 Päckchen Vanillin-Zucker

schaumig schlagen und nach und nach ²/₃ von

dazugeben. Danach so lange schlagen, bis eine cremeartige Masse entstanden ist.

2 Eiweiß

zu steifem Schnee schlagen. Dann unter ständigem Schlagen den Rest des Zuckers dazugeben. Den Schnee auf die Eigelbcreme geben.

75 g Weizenmehl
50 g Speisestärke,
z. B. Gustin
3 g (1 gestrichener Teel.)
Backpulver Backin

mischen und über den Eiweißschnee sieben.
Alles vorsichtig unter die Eigelbcreme ziehen (nicht rühren).
Den Teig in eine mit Pergamentpapier ausgelegte Springform (Durchmesser etwa 26 cm) füllen und sofort backen.
Gas: 3–4.
Strom: 175–200.
Backzeit: Etwa 20 Minuten.

Für den Krokant

1 Messerspitze Butter
1 gehäuften Eßl. Zucker

zerlassen und unter Rühren so lange erhitzen, bis der Zucker schwach gebräunt ist.

50 g abgezogene,
gehackte Mandeln

unterrühren, unter Rühren erhitzen, bis der Krokant genug gebräunt ist.
Die Masse auf eine geölte Platte geben.
Nach dem Erkalten den Krokant in kleine Stücke zerstoßen.

Für die Füllung

1 1/2 kg Äpfel schälen, vierteln, entkernen, in kleine Stücke schneiden und mit

gut 125 ml (1/8 l) Wasser
75–100 g Zucker
2 Päckchen Vanillin-Zucker unter Rühren weich dünsten.
1 Päckchen Gelatine
gemahlen, weiß mit
3 Eßl. kaltem Wasser anrühren und 10 Minuten quellen lassen.
Die Apfelstückchen durch ein Sieb streichen, die gequollene Gelatine zu dem heißen Apfelmus geben und so lange rühren, bis sie gelöst ist. Das Apfelmus kalt stellen.

1 gestrichenen Teel.
Gelatine gemahlen, weiß mit
1 Eßl. kaltem Wasser anrühren und 10 Minuten quellen lassen.
Unter Rühren erwärmen, bis sie gelöst ist und kalt stellen.
500 ml (1/2 l) Sahne fast steif schlagen, die lauwarme Gelatinelösung und

1 gut gehäuften Eßl.
gesiebten Puderzucker darunter geben und die Sahne steif schlagen.
Den Tortenboden einmal durchschneiden.
Den unteren Boden mit dem Apfelmus bestreichen, den anderen Boden darauf legen und gut andrücken.
Den Rand und die obere Seite der Torte mit einem Teil der Schlagsahne bestreichen.
Den Rand mit dem Krokant bestreuen.
Die Torte mit der restlichen Schlagsahne verzieren.

Othello-Torte

Für den Knetteig

150 g Weizenmehl — auf die Tischplatte sieben, in die Mitte eine Vertiefung drücken.

40 g Zucker
1 Päckchen Vanillin-Zucker — hineingeben.

100 g kalte Butter oder Margarine — in Stücke schneiden, auf den Zucker geben, mit Mehl bedecken und von der Mitte aus alle Zutaten schnell zu einem glatten Teig verkneten. Sollte er kleben, ihn eine Zeitlang kalt stellen.
Den Teig auf dem umgedrehten Boden einer Springform (Durchmesser etwa 26 cm) ausrollen, mehrmals mit einer Gabel einstechen.
Gas: 5 Minuten vorheizen 3–4, backen 3–4.
Strom: 175–200.
Backzeit: Etwa 15 Minuten.
Den Bo'den sofort nach dem Backen vom Boden der Springform lösen, ihn aber erst, wenn er völlig erkaltet ist, auf eine Tortenplatte legen.

Für den Biskuitteig

4 Eier
4–5 Eßl. warmes Wasser — mit einem elektrischen Handrührgerät mit Rührbesen schaumig schlagen und nach und nach

150 g Zucker
1 Päckchen Vanillin-Zucker — hineingeben. So lange schlagen, bis eine cremeartige Masse entstanden ist.

150 g Weizenmehl
3 g (1 gestrichener Teel.) Backpulver Backin — mischen, darüber sieben, mit

100 g gemahlenen, leicht gerösteten Haselnußkernen — unter die Eiercreme ziehen (nicht rühren).
Den Teig in eine mit Pergamentpapier ausgelegte Springform (Durchmesser etwa 26 cm) füllen und sofort backen.
Gas: 3–4.
Strom: 175–200.
Backzeit: 25–35 Minuten.
Den gut ausgekühlten Tortenboden zweimal durchschneiden.

	Für die Füllung
	²/₃ von
200 g Marzipan-Rohmasse	mit
75 g gesiebtem Puderzucker	verkneten, dünn ausrollen. 16 runde Plätzchen mit gezacktem Rand (Durchmesser etwa 4 cm) ausstechen. Jedes Plätzchen an einer Seite so zusammendrücken, daß ein Tütchen entsteht. Die Marzipanreste mit der übrigen Marzipan-Rohmasse,
2–3 Eßl. Rum	zu einer geschmeidigen Masse verrühren und den Knetteigboden damit bestreichen. Darüber
1 Eßl. Aprikosen-Konfitüre	streichen, einen der Biskuitböden darauf legen und gut andrücken.
1 Päckchen Gelatine gemahlen, weiß	mit
3 Eßl. kaltem Wasser	anrühren, 10 Minuten zum Quellen stehenlassen, erwärmen, bis sie gelöst ist, kühl stellen.
150 g Nußnougatmasse	in einem kleinen Topf im Wasserbad zu einer geschmeidigen Masse verrühren, abkühlen lassen. Von
750 ml (³/₄ l) Sahne	3 Eßl. abnehmen, die übrige Sahne fast steif schlagen. Unter die lauwarme Gelatinelösung die 3 Eßl. Sahne rühren, zu der übrigen Sahne geben und vollkommen steif schlagen. Die lauwarme Nougatmasse vorsichtig unterrühren. Gut 2 Eßl. der Nougatsahne in einen Spritzbeutel mit gezackter Tülle füllen. ¹/₃ der übrigen Nougatsahne auf den unteren Biskuitboden streichen, mit dem mittleren Boden bedecken, mit der Hälfte der restlichen Sahne bestreichen, den oberen Biskuitboden darauf geben und gut andrücken. Rand und obere Seite der Torte mit der restlichen Sahne bestreichen. Die Torte in 16 Stücke einteilen, auf jedes Tortenstück eine Marzipantüte setzen und einen Sahnetuff hineinspritzen. Schwänzchen an die zusammengedrückten Seiten der Marzipantütchen spritzen.
8 rote Belegkirschen	halbieren, jeweils ¹/₂ Kirsche auf einen Sahnetuff setzen. Den Rand der Torte mit
30 g gemahlenen, leicht gerösteten Haselnußkernen	bestreuen.

Kirsch-Schokoladentorte

Dr. Oetker Backform Gracia

Für den Teig

100 g Butter oder Margarine	schaumig rühren und nach und nach
100 g Zucker	
1 Päckchen Vanillin-Zucker	
2 Eier	
Salz	hinzugeben.
150 g Weizenmehl	
4 g (1^1/$_2$ gestrichene Teel.) Backpulver Backin	
15 g Kakao	mischen, sieben, abwechselnd eßlöffelweise mit
etwa 3 Eßl. Milch	unterrühren.

Den Teig in die gefettete Form füllen.
Gas: 3–4.
Strom: 175–200.
Backzeit: Etwa 25 Minuten.

Für den Belag

750 g Sauerkirschen	waschen, entstielen, entsteinen, mit
75 g Zucker	vermengen, kurze Zeit zum Saftziehen stehenlassen, kurz aufkochen, abtropfen und erkalten lassen

oder

500 g entsteinte Sauerkirschen (aus dem Glas)	abtropfen lassen.

Von dem Saft 250 ml (^{1}/$_4$ l) abmessen (evtl. mit Wasser ergänzen).

40 g Speisestärke, z. B. Gustin	mit 4 Eßl. von dem Saft anrühren, den übrigen Saft zum Kochen bringen. Das angerührte Gustin unter Rühren in den von der Kochstelle genommenen Kirschsaft geben, kurz aufkochen lassen. Die Kirschen unterrühren (16 Kirschen zum Garnieren zurücklassen), kalt stellen, mit
25 g Zucker	
3 Eßl. Kirschwasser	abschmecken, auf den Tortenboden streichen.
500 ml (^{1}/$_2$ l) Sahne	^{1}/$_2$ Minute schlagen.

75 g zartbittere Schokolade in kleine Stücke brechen, in einem kleinen Topf im Wasserbad oder auf der Automatikplatte bei schwacher Hitze zu einer geschmeidigen Masse verrühren.

Gut $\frac{1}{3}$ der Sahne in einen Spritzbeutel mit gezackter Tülle füllen.

Unter die restliche Sahne vorsichtig die lauwarme Schokolade rühren, gleichmäßig auf die Kirschen streichen und darüber ein Gitter (Linien in Abständen von etwa 6 cm) spritzen. In jedes entstandene Quadrat einen Tuff spritzen, darauf eine Kirsche setzen.

Rezeptverzeichnis

Notizen

Notizen

Notizen

Notizen

Notizen